Wir üben Deutsch

Rechtschreibung - Diktate - Sprachlehre - Aufsatzlehre

Ein programmiertes Buch
für die vierte Klasse der Grundschule
und die fünfte Klasse der weiterführenden Schulen

Von M. und L. de Pellegrini

Manz Verlag München

4. Auflage 1975

Manzbuch 220

 Umschlagentwurf: Ingeburg Rothemund, München. Gesamtherstellung: Verlag und Druckerei G. J. Manz AG, Dillingen. Printed in Germany.

ISBN 3-7863-0220-0

Vorwort an Eltern und Lehrer

Noch bildet der „Programmierte Unterricht" in den Schulen eine Ausnahme. „Programmierte Lernmittel" dagegen gibt es schon eine stattliche Anzahl. Es wurde erkannt, daß die „Programmierte Instruktion" neben dem konventionellen Unterricht eine wertvolle Bereicherung für einen erfolgreichen Lernvorgang darstellt.

Das vorliegende Buch „Wir üben Deutsch" wurde als effektives Lernmittel auf Grund der Beobachtung immer wieder auftretender spezifischer Schwierigkeiten bei Schülern in der Rechtschreibung, der Aufsatzgestaltung und der Grammatik, nach den Erkenntnissen und jahrelangen praktischen Erfahrungen mit Unterrichtsprogrammen, geschrieben.

Die erste Auflage (1970) war in ausreichendem Maße in Münchener Grund- und Hauptschulen und Gymnasien im Klassenverband getestet worden.

In der neuen Auflage (1972) reflektieren sich bestimmte individuelle Schülerreaktionen, vor allem auf Formulierungen einzelner Lerneinheiten. Ein besonderes Anliegen war auch die Aktualität der Texte für Diktate und Nacherzählungen.

Mit dem programmierten Buch „Wir üben Deutsch" können Schüler ganz selbständig arbeiten. Hierin liegt der besondere Erziehungseffekt. Das Buch eignet sich nicht nur für eine häusliche Lernbeschäftigung, sondern wird auch in der Orientierungsstufe an Gesamtschulmodellen für Gruppen mit Nebentätigkeit verwendet. Ebenso läßt es sich zur Stillbeschäftigung im regulären Klassenverband einsetzen.

Bei Schülern, die noch mit keinem programmierten Lernmittel gearbeitet haben, empfiehlt sich eine stützende Hilfe beim Durchlesen der Anleitung.

Liebe Schüler!

Ein programmiertes Buch ist kein übliches Lehr- oder Lesebuch. Man kann deshalb die Seiten nicht einfach wie gewohnt von oben nach unten lesen.

Das Programm, mit dem du lernen sollst, hat eine fortlaufende Numerierung der Lerneinheiten von 1 bis 316A.

Dabei mußt du wissen, daß du nur dann einen Erfolg haben wirst, wenn das ganze Buch von der ersten bis zur letzten numerierten Lerneinheit (LE) von dir durchgearbeitet wird. Der Erfolg wird nämlich nur dadurch garantiert, daß in der vorgegebenen Reihenfolge der Lerneinheiten gearbeitet wird. Ein Lernbeginn bei einer anderen Lerneinheit als Nr. 1 ist deshalb ausgeschlossen.

Um das Lernen zu erleichtern, sind immer eine Anzahl von Lerneinheiten zu einem Lernabschnitt zusammengefaßt worden, die nachstehend noch genannt werden.

Die Teilprogramme sind gegeneinander abgesetzt oder durch Übungsstücke unterbrochen. Daher mußt du besonders aufpassen und die **fortlaufenden** Nummern innerhalb der Teilprogramme durch

Zurückblättern

suchen.

Es ist im Text angegeben, wenn du ein Tagespensum beendet hast und eine Pause machen sollst.

Beginne mit der Arbeit erst, wenn Du auf Seite 6 die **Anleitung** aufmerksam durchgelesen hast.

Inhalt

Anleitung

Du wirst beim Üben mit diesem programmierten Buch feststellen, daß es Spaß macht, gleich durch die Antwortkästchen mitgeteilt zu bekommen, daß eine Antwort, die du in ein Heft schreiben sollst, richtig – oder auch einmal falsch – gewesen ist. Laß dich aber nicht dazu verleiten, schon vorher die Antwort aufzuschlagen, ehe du die Aufgabe durchdacht und eine Antwort in dein Heft niedergeschrieben hast. Du würdest dich nämlich selbst betrügen. Kannst du überhaupt keine Antwort finden, schreibe ins Heft: „Ich weiß es nicht", und überlege erst einmal, warum die im Buch mitgeteilte Antwort so lautet. Erst danach solltest du den Lehrer oder deine Mutter um Rat fragen.

Bevor du zu arbeiten beginnst, lege ein Heft neben dein Buch. In dieses Heft wirst du also alle Antworten, nach denen du im Programm gefragt wirst, eintragen.

Erst, wenn du deine Antworten eingetragen hast, wirst du im Buch umblättern.

Lies bitte den Text in jeder Lerneinheit **genau und bis zu Ende** durch und **halte dich streng an die Anweisungen.**

Jeweils nach dem Umblättern wirst du dann im fortlaufenden Text die richtige Antwort gedruckt finden.

Nun wünschen wir dir viel Erfolg mit diesem Buch.

Rechtschreibung

1 Du lernst jetzt, warum **viele Wörter einen doppelten Mitlaut** haben. Sprich nacheinander **laut** die Wörter:

Stall – Stahl

Du findest leicht heraus, welcher **Selbstlaut kurz** gesprochen wird.

„a“ in Stall, „a“ in Stahl

Schreibe in das bereitgelegte Heft die richtige Antwort auf!

Ob du richtig geantwortet hast, kannst du feststellen, wenn du umblätterst. Die Antwort steht in der obersten Spalte bei 1A.

---

6 Warum mußt du in dem Wort „Sonne“ nach dem Selbstlaut „o“ zwei „n“ schreiben?

a) Weil das „o“ kurz gesprochen wird.
b) Weil das „o“ lang gesprochen wird.

Suche die richtige Antwort! Schreibe sie auf und blättere dann um!

---

11 Schau dir die Wörter – Lücke, rücken, sich recken – genau an. Hinter jedem kurzen Selbstlaut findest du jeweils ein

„ck“

Wie wird also ein Selbstlaut gesprochen, auf den ein „ck“ folgt:

a) lang? b) kurz?

Was ist richtig?

---

16 Du hast selbst eingesehen, daß eine solche Schreibweise nur ein „Witz“ sein kann.

Schreibe die falsch geschriebenen Wörter aus Nr. 15 **richtig** in dein Heft.

1A „a“ in Stall wird **kurz** gesprochen.

Lies jetzt auf der nächsten Seite oben bei **2** weiter!

6A a) Weil das „o“ kurz gesprochen wird.

Weiter bei 7.

11A b) kurz

ist richtig!

16A Witz, Katze, Blitz, kratzen, Klotz

2 Lies **laut** die Wörter:

Rabe – Rappe

Stelle fest, in welchem Wort hier der **kurze** Selbstlaut „a“ steht!

a) in Rabe b) in Rappe

Schreibe deine Antwort wieder auf und **vergleiche** dann auf der nächsten Seite oben bei 2A!

---

7 Paß gut auf! Wir gehen jetzt einen Schritt weiter.

Du mußt manchmal Wörter in Silben trennen. Was geschieht, wenn ein Wort mit **Doppellaut** getrennt wird?

Suche heraus, wie die Trennung richtig ist!

a) Pfeff - er b) Pfe - ffer
c) Pfef - fer

---

12 Du hast gelernt, hinter einem **kurz** gesprochenen Selbstlaut steht ein Doppellaut.

Das „ck“ ist **auch** ein Doppellaut. Es wird an Stelle von zwei „k“ gebraucht.

Darf man

Lükke – sich rekken – rükken

so schreiben? Suche die richtige Antwort!

a) Ja b) Nein

---

17 Schreibe folgende Beispiele, in denen du jeweils die richtigen Doppellaute ergänzen mußt, in dein Heft!

die Ma . . e	die Dachri . . e	die Ho . . nung
der Hi . . el	brü . . en	der Pu . . ing

2A b) in „Rappe"

Lies auf der nächsten Seite bei 3 weiter!

7A c) Pfef - fer
ist richtig!

12A b) Nein

17A

die Matte	die Dachrinne	die Hoffnung
der Himmel	brüllen	der Pudding

3 In welchem Wort wird jetzt der Selbstlaut „e“ **kurz** gesprochen? Antworte richtig!

in: a) stehlen b) stellen?

Schreibe auch hier erst die Antwort auf und blättere dann um!

---

8 **Der Doppellaut wird also getrennt.**

In unserem Beispiel „Pfeffer“ kommt ein „f“ an den Anfang der nachfolgenden Silbe.

Trenne das Wort „Pfennig“!

---

13 Du hast die richtige Antwort gegeben. Schreibe nun in deinem Heft die Wörter

Lücke, sich recken, rücken

mit Trennungszeichen auf!

---

18 Trenne folgende Wörter:

Wille	Kartoffeln	Himmelreich
Matterhorn	Sonnenschein	Kellerassel

3A b) in stellen

Jetzt hast du schon gemerkt, wie ein Programm gelesen wird. Du liest also auf der nächsten Seite bei 4 weiter.

8A Pfen - nig

Solltest du die Antwort nicht richtig aufgeschrieben haben, mußt du sie jetzt verbessern!

13A Lük - ke
sich rek - ken
rük - ken

Verbessere etwaige Fehler sofort!

18A

Wil - le	Kar - tof - feln	Him - mel - reich
Mat - ter - horn	Son - nen - schein	Kel - ler - as - sel

4 Du hattest jeweils Wörter mit zwei gleichen Mitlauten oder **Doppellauten** gefunden. Wie wird also ein Selbstlaut **vor** einem Doppellaut ausgesprochen?

a) kurz b) lang?

Gib die richtige Antwort! Du weißt jetzt ja, daß du jede Antwort **aufschreiben** sollst. Hast du das getan, blättere um!

---

9 Nun lernst du, warum **bei einem kurzen Selbstlaut ein „ck"** geschrieben wird.

Sprich nacheinander **laut** die Wörter

Lücke – Lüge!

Welcher Selbstlaut wird **kurz** gesprochen?

a) das „ü" in Lücke?
b) das „ü" in Lüge?

Schreibe die Antwort in dein Heft!

---

14 **Höre** nun auf die Selbstlaute **vor** „tz"!

Katze, Blitz, Satz, plötzlich, sitzen, Verletzung, kratzen, Tatze, Witz, stützen, Matratze, Platz, Pfütze, Klotz, Glatze.

Wie klingen alle diese Selbstlaute? Sie klingen

a) kurz b) lang

Was ist richtig?

---

19 Trenne in deinem Heft folgende Wörter:

Fackel, Glocke, Zucker, sticken, pflücken, hacken.

4A a) kurz – ist richtig!

9A a) das „ü“ in Lücke

14A a) **kurz**

ist richtig

19A

Fak - kel	Glok - ke	Zuk - ker
stik - ken	pflük - ken	hak - ken

5 In dem Wort „Futter" wird der Selbstlaut „u" kurz gesprochen.

a) Das kurz gesprochene „u" verlangt einen Doppellaut.
b) Das kurz gesprochene „u" verlangt keinen Doppellaut.

Schreibe den richtigen Satz in deinem Heft auf!

---

10 Lies **laut** die Wörter

a) pflücken – pflügen
b) sich regen – sich recken

Welches Wort in a) und welches Wort in b) hat einen kurzen Selbstlaut?

Schreibe die richtige Antwort auf!

---

15 Bisher waren es **gleiche Doppellaute** (ll, mm, tt usw.). Das „ck" wird an Stelle von zwei „k" gebraucht. Das „tz" ist also auch ein **Doppellaut.** Das „tz" ist aus zwei „z" entstanden. Werden zum Beispiel die Wörter

Wizz, Kazze, Blizz, krazzen, Klozz

heute **so** geschrieben? a) Ja b) Nein

---

20 Auch „tz" muß wie ein Doppellaut getrennt werden. Das „t" steht am Ende der Silbe, das „z" am Anfang der nachfolgenden Silbe. Trenne also richtig.

Pfütze	Hitze	Versetzung.
Katze	Sitzung	Matratze

5A a) Das kurz gesprochene „u“ verlangt einen Doppellaut.

Achtung! Auf der nächsten Seite steht die Nummer 21. Das Programm geht für dich auf Seite 9 bei Nummer 6 (2. Spalte) weiter!

10A in

a) pflücken

in

b) sich recken

Achtung! Auf der nächsten Seite steht die Nummer 25. Du mußt zur Seite 9 zurückblättern! Dort findest du Nummer 11.

15A b) Nein

Du findest die Fortsetzung wieder auf Seite 9.

20A

Pfüt - ze	Hit - ze	Ver - set - zung
Kat - ze	Sit - zung	Ma - trat - ze

Hier ist der Teil des Programmes über die Doppellaute zu Ende.

Auf der nächsten Seite oben beginnt bei 21 ein neuer Teil.

21 In vielen Wörtern werden die **Selbstlaute** a, e, i, o, u und die Umlaute ä, ö, ü besonders lang, das heißt **gedehnt** gesprochen.

Betrachte und sprich laut folgende Wörter:

Nahrung — Kohle — Frühling — Hähnchen — Fohlen — Fröhlichkeit — Kehle — Lehrer

Welcher Buchstabe folgt immer auf den **gedehnten** Selbstlaut? Schreibe diesen Buchstaben auf!

---

25 Dir ist vielleicht schon aufgefallen, daß bis jetzt kein **gedehntes** Wort mit „ih" vorgekommen ist. Es gibt nur sehr wenige. Du findest sie, wenn du die folgenden Pünktchen durch „ih" ersetzt:

. . n, . . m, . . r, . . re, . . nen, . . rem, . . rer

---

29 In den bisherigen Wörtern ist das Dehnungs-h **nicht** zu **hören.**

Du mußt dich ganz auf die Länge des gesprochenen Selbstlautes verlassen.

Lies folgende Wörter laut und **höre** genau hin:

mähen — gehen — glühen — blühen — verstehen — verzeihen — leihen

Schreibe auf, welcher Mitlaut nach dem Selbstlaut hörbar wird!

---

33 Setze folgende Zeitwörter aus der **Nennform** in die **3. Person Einzahl, Gegenwart!**

empfehlen — befehlen — stehlen — sehen

Beispiel: empfehlen — er empfiehlt

21A „h"

25A ihn, ihm, ihr, ihre, ihnen, ihrem, ihrer

29A das „h"

33A befehlen — er befiehlt
stehlen — er stiehlt
sehen — er sieht

22 Beachte und vergleiche:

klagen – mahlen – führen – folgen – fahren – kehren

Schreibe alle Wörter, in denen ein „h“ vorkommt, in dein Heft!

---

26 Bei zwei Wörtchen kommt es besonders auf das gedehnte „ih“ an:

a) Ich gehe ihn den Wald.
b) Ich treffe in am Bahnhof.

Verwende die Wörtchen „ihn“ und „in“ richtig! Schreibe beide Sätze richtig auf!

---

30 Das Dehnungs-h **muß** auch dann hinter dem gedehnten Selbstlaut stehen bleiben, wenn du es nicht hörst.

Der Bauer m . . t das Gras. Der Vater g . . t zur Arbeit. Das Feuer gl . . t im Ofen. Die Blume bl . . t im Garten.

Schreibe die Sätze und fülle die Lücken mit den fehlenden Buchstaben.

---

34 Bei der **3. Person** Einzahl, Gegenwart wird jedes Wort mit „. . .“ geschrieben.

22A mahlen — führen — fahren — kehren

26A a) Ich gehe **in** den Wald
b) Ich treffe **ihn** am Bahnhof

30A Der Bauer mäht das Gras.
Der Vater geht zur Arbeit.
Das Feuer glüht im Ofen.
Die Blume blüht im Garten.

34A „ieh“

23 Der Selbstlaut vor dem „h“ wird in diesen Wörtern:

a) kurz b) gedehnt

gesprochen?

Schreibe die richtige Antwort auf!

---

27 Schreibe die richtige Antwort auf:

1. das Wörtchen „in“ wird
   a) kurz b) gedehnt gesprochen?

2. das Wörtchen „ihn“ wird
   a) kurz b) gedehnt gesprochen?

---

31 Du hast gelernt, daß das „i“ nur in ganz wenigen Wörtern ein Dehnungs-h erhält. Es gibt aber **viele** Wörter, **die** ein gedehnt gesprochenes „i“ haben.

biegen, Riese, Tier, kriechen, Bier, Papier, wiegen, Krieg, dienen, Wiese.

Was stellst du **hier** fest? Schreibe auf, was diese Wörter **alle** gemeinsam haben!

---

35 **ieh** ist eine doppelte Dehnung.

a) das Dehnungs-h steht dabei, weil das „ie“ nicht gedehnt genug ist.

b) das „h“ muß aus der Nennform mit übernommen werden.

Entscheide dich für a) oder b)!

23A b) gedehnt

27A 1a) kurz

2b) gedehnt

31A Diese Wörter haben alle ein „ie".

35A b) das „h" muß übernommen werden.

24 Das „h“ ist schuld, daß der Selbstlaut gedehnt gesprochen wird. Es heißt deshalb Dehnungs-h.

Ersetze in den folgenden Wörtern die Pünktchen durch die gedehnten Selbstlaute ah, eh, oh, uh, äh, öh, üh!

Mach es richtig!

Str . . l, F . . ler, w . . nen, Sch . . macher, F . . nchen, H . . le, M . . le

---

28 Bei den nächsten beiden Wörtchen müssen wir auch unterscheiden:

a) Ich gebe im einen Füllfederhalter.
b) Die Mutter hängt ihm Garten die Wäsche auf.

Stelle die Fehler fest und schreibe die Sätze richtig auf!

---

32 Das gedehnt gesprochene **„i“** schreibst du „. .“.

---

36 Setze folgende Zeitwörter aus der Nennform in die 3. Person Einzahl, 1. Vergangenheit und in die 1. Person Mehrzahl, 1. Vergangenheit. Das geht so:

fallen — er fiel   wir fielen

Mache so weiter mit:

raten — rufen — bleiben — steigen

24A Strahl, Fehler, wohnen, Schuhmacher, Fähnchen, Höhle, Mühle

Auf der nächsten Seite heißt die Nummer 37. Dieses Programm wird selbstverständlich bei Nr. 25 fortgesetzt (S. 19).

28A a) Ich gebe ihm einen Füllfederhalter.
b) Die Mutter hängt im Garten die Wäsche auf.

Achte auf die laufende Nummer! Du findest sie auf Seite 19.

32A i e

Zurück zu Seite 19.

36A

raten	— er riet	— wir rieten
rufen	— er rief	— wir riefen
bleiben	— er blieb	— wir blieben
steigen	— er stieg	— wir stiegen

37 Staat — Paar — Saal — Aal — Waage — Haar — Beet — Klee — Meer — Teer — Schnee — See — leer — Beere — Fee — Heer — Seele — Speer — Boot — Moos — Moor — bemoost.

Was bemerkst du an diesen Wörtern?
Schreibe deine Antwort auf!

---

46 Beim Beugen eines Zeitwortes kann der Doppellaut in einen **kurzen** Selbstlaut verwandelt werden.

Zum Beispiel: beißen — er biß

Beuge in derselben Weise:

fließen — reißen — genießen — schießen.

---

55 In der Wortmitte klingt

das „d" a) weich b) hart
das „t" a) weich b) hart

Entscheide dich richtig!

---

64 Ergänze:

1. Das Kaufhaus hat die Waren vers . . . . (versenden)
2. Ich bin mit Vetter Max verw . . . .
3. Onkel und Tante sind meine Verw . . . . . .
4. Nichten und Neffen gehören zur Verw . . . . schaft.
5. Vera ist eine gew . . . . . Turnerin.

37A Sie haben alle aa, ee, oo

46A

fließen	–	er floß
reißen	–	er riß
genießen	–	er genoß
schießen	–	er schoß

55A

das „d“ a) weich
das „t“ b) hart

64A

1. versandt
2. verwandt
3. Verwandten
4. Verwandtschaft
5. gewandte

Genug für heute!

38 aa, ee, oo sind also **doppelte Selbstlaute.** Du sprichst sie:

a) kurz b) gedehnt!

Entscheide dich!

---

47 Hier ist aus dem „ß“ nach kurzem Selbstlaut ein Schluß-„ß“ geworden.

Schuß — Haß — Schloß — Riß — Biß — Guß.

Auch diese Wörter werden mit „ß“ geschrieben

a) weil „ß“ als Schluß-„ß“ nach **kurzem** Selbstlaut steht;
b) weil „ß“ nach einem **gedehnten** Selbstlaut steht.

Suche die richtige Antwort!

---

56 Achte darauf, wo in folgenden Wörtern „d“ und „t“ stehen!

Kind — Bad — Rand — Rind — Land — Knecht — Frucht — Draht — Nacht — Schacht

Lies die Wörter laut und stelle wieder eine Liste auf!

---

65 „d“ und „t“ konntest du noch unterscheiden. Aber „f“ und „v“ hören sich gleich an! Es gibt nur wenige Wörter, die mit einem „v“ beginnen. Merke sie dir! Schreibe die Wörter vollständig in dein Heft!

der . ater, der . etter, der . ogel, das . olk, das . eilchen, das . ieh, . iel, . ier, . oll, . on, . orn, . om, . order, . iktor, . ordermann, . ers.

38A b) gedehnt

47A a) weil „ß“ als Schluß-„ß“ nach einem kurzen Selbstlaut steht.

56A

Kind	Knecht
Bad	Frucht
Rand	Draht
Rind	Nacht
Land	Schacht

65A der Vater, der Vetter, der Vogel, das Volk, das Veilchen, das Vieh, viel, vier, voll, von, vorn, vom, vorder, Viktor, Vordermann, Vers

39 Es gibt also nicht nur Dehnungen durch Dehnungs-h und ie.

Eine Dehnung kann auch erreicht werden durch einen ....

---

48 Beim **Trennen** mußt du nun achtgeben!

Du weißt, das „ß“ nach langem Selbstlaut wird so getrennt:

Fü - ße, Grü - ße

Bilde aber die Mehrzahl von

Fluß — Guß — Faß — Paß — Roß

und trenne diese Wörter!

---

57 „d“ und „t“ stehen in deiner Antwort am Ende der Wörter. Sie sind also **Auslaute** und klingen fast gleich.

Um Rechtschreibefehler zu vermeiden, erhältst du hier eine Hilfe:

Setze die Wörter **deiner** Liste in die Mehrzahl und trenne sie!

---

66 **Zwei Silben** sind besonders wichtig!

„ver“ und **„vor“**

Sie stehen meistens **vor** einem bekannten Zeitwort. Welche Bezeichnung haben deshalb „ver“ und „vor“?

39A **doppelten Selbstlaut**

48A Flüs - se, Güs - se, Fäs - ser, Päs - se, Rös - ser

Solltest du Fehler gemacht haben, verbessere sie und arbeite das Programm von Nr. 42 (S. 37 oben) bis hierher noch einmal durch!

57A

Kin - der	Knech - te
Bä - der	Früch - te
Rän - der	Dräh - te
Rin - der	Näch - te
Län - der	Schäch - te

66A Vor**silben**

40 Ergänze folgende Hauptwörter jeweils durch ein Wort mit **doppeltem Selbstlaut** zu zusammengesetzten Hauptwörtern:

Segel . . . ., Speise . . . ., . . . pferdchen, . . . ungeheuer,
Johannis . . . . ., Blumen . . . ., ... flocke, Engels . . . .

Schreibe alle Wörter auf!

---

49 Das Schluß-„ß“ ist aus dem „ss“ entstanden. Dies gilt auch für folgende Wörter:

er frißt — er vergißt — er ißt — er vermißt

Schreibe die Nennform dieser Wörter auf!

---

58 Lies die getrennten Wörter laut.

Jetzt klingt

das „t“ a) weich b) hart
das „d“ a) weich b) hart

Schreibe die richtige Entscheidung auf!

67

lesen	verlesen	vorlesen
arbeiten	. . . arbeiten	. . . arbeiten
zeichnen	. . . .	
greifen		
schreiben		

Setze die Reihen fort!

40A Segelboot, Speisesaal, Seepferdchen, Meerungeheuer, Johannisbeere, Blumenbeet, Schneeflocke, Engelshaar.

49A fressen – vergessen – essen – vermissen

58A das „t" b) hart
das „d" a) weich

67A

arbeiten	verarbeiten	vorarbeiten
zeichnen	verzeichnen	vorzeichnen
greifen	vergreifen	vorgreifen
schreiben	verschreiben	vorschreiben

41 Es schadet nichts, wenn du nicht alle gefunden hast. Hoffentlich waren mindestens sechs Beispiele richtig.

Bilde aus folgenden Hauptwörtern — **Eigenschaftswörter:**

Haar — Staat — Moos — Teer — Moor — Seele

Als Beispiel: haarig

---

50 Bei: fri**ßt**, i**ßt**, vergi**ßt**, vermi**ßt** steht hinter dem „ß" immer ein „."?

---

59 Du hast das **Beugen** von Zeitwörtern gelernt. Schreibe dir das Muster ab.

Nennform	1. Vergangenheit	2. Vergangenheit
leben	er leb - te	er hat gelebt

Setze das Modell fort mit:

beben — glauben — bauen

Trenne in der 1. Vergangenheit die Zeitwörter!

---

68 Bilde aus folgenden Zeitwörtern neue sinnvolle Zeitwörter mit den Vorsilben „ver" oder „vor":

zweifeln — ahnen — kleiden — pflegen

41A staatlich — moosig — teerig — moorig — seelisch

Hier ist das Programm über doppelte Mitlaute und doppelte Selbstlaute zu Ende.

Mach mal Pause! Also dann bis morgen.

50A „t"!

59A

Nennform	1. Vergangenheit	2. Vergangenheit
beben	er beb - te	er hat gebebt
glauben	er glaub - te	er hat geglaubt
bauen	er bau - te	er hat gebaut

68A verzweifeln — vorahnen — verkleiden — verpflegen

42 „s“ und „ß“ bringen oft Ärger.

Rose — Füße — Flöße — Gräser — Straße — Bluse — Gläser — Buße

Schreibe die Wörter mit „s“ und die Wörter mit „ß“ in zwei Reihen untereinander in dein Heft!

---

51 Feststellung: **Vor einem** „t“ am Wortende wird „ss“ als „ß“ geschrieben! Das „ß“ kann auch am **Ende einer Silbe** stehen.

häß - lich, Meß - band, Preß - luft.

In jedem Wort ist ein Zeitwort verborgen. Schreibe sie in der Nennform auf, und du verstehst, warum am **Ende** der Silbe ein Schluß-„ß“ stehen muß.

---

60 Schau dein Modell noch einmal an und beachte die **Endbuchstaben!**

a) Schreibe die End**silbe** der 1. Vergangenheit auf.

b) Schreibe den End**buchstaben** der 2. Vergangenheit auf.

---

69 Bilde aus den folgenden Zeitwörtern Hauptwörter mit der **Nachsilbe** „ung“:

verzweifeln — vorahnen — verpflegen — verspäten — vergeben — verneinen — vorsehen — vorladen — versuchen — versetzen.

42A

Rose	Füße
Gräser	Flöße
Gläser	Straße
Bluse	Buße

51A has - sen, mes - sen, pres - sen.

Hier ist ein Lernabschnitt zu Ende.

60A a) „te“
b) „t“

69A Verzweiflung – Vorahnung – Verpflegung – Verspätung – Vergebung – Verneinung – Vorsehung – Vorladung – Versuchung – Versetzung.

43 Lies die aufgeschriebenen Wörter laut und stelle fest:

Klingen a) „s“ und „ß“ gleich?
b) das „s“ klingt weich
das „ß“ klingt hart

Schreibe die richtige Antwort auf!

---

52 **Nun wirst du „d“ und „t“ unterscheiden lernen!**

Tier – **Dorf** – **dürfen** – **dort** – **töten** – **tief** – **Dackel** – **Dieb** – **Taube** – **Teufel**

Stelle eine Liste auf! Schreibe

a) die Wörter mit dem Anlaut „d“
b) die Wörter mit dem Anlaut „t“

sauber untereinander!

---

61 „d“ und „t“ treffen auch manchmal zu einem „dt“ zusammen. Verlängere dein Modell in den Spalten **„Nennform“** und **„1. Vergangenheit“** durch die Zeitwörter:

senden
wenden

Beachte auch hier bei der Vergangenheit die getrennte Schreibweise!

---

70 Ergänze:

. . . sätzlich	. . . wärts	da . . .
. . . aussichtlich	. . . an	be . . .
. . . aus	. . . sichtig	

43A b) das „s" klingt weich
das „ß" klingt hart

52A

a)	b)
Dorf	Tier
dürfen	töten
dort	tief
Dackel	Taube
Dieb	Teufel

61A

Nennform	1. Vergangenheit
senden	er sand - te
wenden	er wand - te

70A

vorsätzlich	vorwärts	davor
voraussichtlich	voran	bevor
voraus	vorsichtig	

44 Die **Silbentrennung** hilft dir, „s“ und „ß“ richtig zu gebrauchen. „s“ und „ß“ stehen bei der Trennung am Anfang der nächsten Silbe.

Schreibe die Wörter aus Nummer 42 mit Trennungszeichen ab und lies sie laut!

---

53 Bilde Eigenschaftswörter mit den Endsilben „bar“ und „lich“ aus den Zeitwörtern

drehen – trinken – dringen – tragen – danken – trauen – dehnen – dienen – denken

Ordne sie!

---

62 Das „d“ aus der Nennform bleibt **erhalten** und trifft mit dem „t“ der **Endsilbe** zusammen. Hierdurch entsteht in der Vergangenheit „dt“.

Bilde nun die 2. Vergangenheit!

Ergänze dein Modell!

---

71 Natürlich kommt „v“ auch manchmal mitten im Wort oder am Ende eines Wortes vor:

bra ., E . a, Hanno . er, Pul . ver, Kur . e, Ner . en, Gusta ., No . ember, Fre . el

44A Ro - se Fü - ße
Grä - ser Flö - ße
Glä - ser Stra - ße
Blu - se Bu - ße

Deine Antwort in Nummer 43A wird also bestätigt.

53A

drehbar	trinkbar	dringlich
tragbar	dankbar	traulich
dehnbar	denkbar	dienlich

62A

Nennform	1. Vergangenheit	2. Vergangenheit
		er hat gesandt
		er hat gewandt

71A brav, Eva, Hannover, Pulver, Kurve, Nerven, Gustav, November, Frevel

45 Schau dir die folgenden Wörter mit den Doppellauten „ei" und „ie" an:

beißen – fließen – reißen – genießen – schießen

Schreibe deine Beobachtung auf!

---

54 Dir ist deutlich aufgefallen, daß das „d" als Anlaut **weich** klingt, das „t" dagegen **hart.**

Mädchen – Faden – Laden – Vater – Matratze – baden – Gnade – Güte – Pate – Pfote

Ordne in einer Liste

a) **Wörter mit „d"**
b) **Wörter mit „t"**

---

63 Du siehst, was in der 2. Vergangenheit mit dem „d" aus der Nennform und dem Endlaut „t" geschieht!

Schreibe deine Entdeckung auf!

---

72 Viele Schüler schreiben so: „vertig". Das ist falsch, denn „ver" in diesem Wort ist **keine** Vorsilbe, da „tig" gar keinen Wortsinn hat. Schreibe das Wort richtig!

45A Alle Wörter werden mit „ß“ geschrieben.

Du hast längst gelernt, daß die laufenden Nummern durch Zurückblättern gefunden werden.

54A

a) Mädchen
Faden
Laden
baden
Gnade

b) Vater
Matratze
Güte
Pate
Pfote

(Nr. 55 findest du auf Seite 27)

63A das „d“ bleibt erhalten und trifft mit dem Endlaut „t“ der 2. Vergangenheit zusammen.

Es entsteht ein „dt“

(Achte auf die laufende Nummer!)

72A f e r t i g

73 Es gibt Wörter, in deren Mitte zwei verschiedene Mitlaute zusammentreffen: pf, ps, sp, ng, nk

hüpfen, zupfen, Kapsel, Kaspar, raspeln, springen, hängen, sinken, winken

Schreibe die Wörter ab und unterstreiche die oben genannten zwei Mitlaute!

---

77 Und **nun:**

ringen, Ranke, blinken, Winkel, Sänger, Pranke, Klingel

---

81 Trenne also richtig:

lustig, Klopfer, Zöpfe, rasten, Borste, fasten, Knöpfe, knuspern, Länge, lenken

---

85 Getrennt gesprochen hörst du die Laute ch - s, ck - s deutlich. Nicht ganz so einfach ist es bei „gs“ und „ks“. Dafür gibt es auch nur wenige Wörter mit „ks“:

links — Koks — Keks — Murks

Trenne: Kekse und Murkserei und höre genau hin!

73A hüpfen, zupfen, Kapsel, Kaspar, raspeln, springen, hängen, sinken, winken

---

77A rin - gen, Ran - ke, blin - ken, Win - kel, Sän - ger, Pran - ke, Klin - gel

---

81A lu - stig, Klop - fer, Zöp - fe, ra - sten, Bor - ste, fa - sten, Knöp - fe, knus - pern, Län - ge, len - ken

---

85A Kek - se, Murk - se - rei

74 Schreibe dieselben Wörter noch einmal **getrennt** auf und beachte: zwei verschiedene Mitlaute, die in einem Wort zusammentreffen, werden getrennt.

---

78 Du hast festgestellt, daß bei der Aufgabe 77 zwei Paar verschiedene Mitlaute verwendet wurden. Nämlich

„ng“ und „nk“.

Ist das „k“ in „nk“

a) zu hören, oder   b) nicht zu hören?

Entscheide dich für a) oder b)!

---

82 Setze folgende Wörter mit dem Geschlechtswort in die Mehrzahl und trenne sie!

Nest, Fest, Mast, Rest, Last, Frost, Rost

---

86 Du hast gelernt: cks und chs wurden getrennt. „gs“ steht am Ende einer Silbe oder am Wortende. Trenne folgende Wörter und erkenne, wo das „x“ steht:

Die Hexe, die Nixe, Alexander, das Lexikon, boxen, das Taxi.

74A hüp - fen, Hop - fen, zup - fen, Kas - par, Knos - pe, Sümp - fe, ras - peln, Kap - sel, sprin - gen, sin - ken, Zöp - fe, ver - sen - ken

---

78A a) „zu hören“

82A die Ne - ster, die Fe - ste, die Ma - sten, die Re - ste, die La - sten, die Frö - ste, die Ro - ste

---

86A die He - xe, die Ni - xe, Ale - xan - der, das Le - xi - kon, bo - xen, das Ta - xi

Das „x“ steht am Anfang einer Silbe.

75 Was stellst du bei den getrennten Wörtern fest?

a) Die Mitlaute bleiben am Ende der ersten Silbe beisammen.
b) Sie kommen beide zur folgenden Silbe.
c) Der eine Mitlaut steht am Ende der ersten Silbe und der zweite am Anfang der nachfolgenden Silbe.

Schreibe die richtige Antwort ab!

---

79 Du hast gelernt: pf, sp, ps, ng, nk werden bei der Silbentrennung auseinandergerissen.

Nun treffen in vielen Wörtern „st" als zwei Mitlaute zusammen. Sind folgende Wörter richtig getrennt

hus - ten, has - tig, pus - ten?

a) Ja b) Nein

---

83 Jetzt kommt eine verflixte Sache!

Axt, Keks, klecksen, boxen, Achse, allerdings, Koks, Praxis, links, Knicks, wechseln, knacksen, anfangs, Bodenwachs, ringsherum.

Ordne die Wörter mit

x gs ks cks chs!

in einer Tabelle!

---

87 Bei Wörtern, in denen das „x" mit einem „t" zusammentrifft, also ein doppelter Mitlaut entsteht, kommt „x" an das Ende der Silbe, weil ja zwei Mitlaute getrennt werden müssen. Setze in die Mehrzahl und trenne:

die Axt, der Text.

75A c) Der eine Mitlaut steht am Ende der ersten Silbe und der zweite am Anfang der nachfolgenden Silbe.

Hast du falsch gewählt, schreibe diese richtige Antwort auf alle Fälle auf!

79A b) Nein

83A

x	**gs**	**ks**	**cks**
Axt	allerdings	Keks	klecksen
boxen	anfangs	Koks	Knicks
Praxis	ringsherum	links	knacksen

chs

Achse
wechseln
Bodenwachs

87A die Äx - te, die Tex - te

76 Trenne folgende Wörter:

Strümpfe, klopfen, rupfen, stopfen, verdampfen, schlüpfen

---

80 „st" macht also eine **Ausnahme.** So wird richtig getrennt:

hu - sten, ha - stig, pu - sten

Die **beiden Mitlaute** sind **beisammen**

am ...... einer Silbe.

---

84 Die Laute x, gs, ks, cks, chs klingen **fast gleich.** Du sollst sie für die Rechtschreibung unterscheiden lernen. Viele kannst du durch Trennung richtig schreiben lernen:

wachsen, klecksen, Ochse, Achsel, knicksen, wechseln, Sachsen, Wichse.

Schreibe diese Wörter getrennt in dein Heft!

---

88 „gs" steht meist am Ende der Silben „-lings", „-dings" und **entsteht** bei „-ung":

-lings	**-dings**	**-ung**
blind	neuer	schon .... los
Früh ..... zeit	schlechter	Klei .... stück

Ergänze in deinem Heft die Lücken!

76A Strümp - fe, klop - fen, rup - fen, stop - fen, ver - damp - fen, schlüp - fen

---

80A am Anfang einer Silbe

84A wach - sen, kleck - sen, Och - se, Ach - sel, knick - sen, wech - seln, Sach - sen, Wich - se

---

88A

blindlings	neuerdings	schonung**s**los
Frühlingszeit	schlechterdings	Kleidung**s**stück

Hier ist wieder Pause für dich! Erst morgen geht's weiter.

Diktate

Du bist in den bisherigen Programmen mit den meisten Schwierigkeiten der Rechtschreibung bekannt gemacht worden. Hier folgen nun die **angekündigten Diktate.** Während du im Programm ganz selbständig arbeiten konntest, brauchst du jetzt jemanden, der dir diktiert.
(Solltest du ein Tonbandgerät haben, kannst du die einzelnen Diktate **selbst,** langsam, **nach jedem Punkt eine Pause,** auf das Band sprechen. Dann kannst du Satz für Satz nachschreiben.)
Wenn du **ein** Diktat geschrieben hast, nimmst du **selbst** einen Rotstift in die Hand und vergleichst Wort für Wort deiner Niederschrift mit dem gedruckten Text. **Du streichst deine Fehler selbst an!**
Bevor du zum nächsten Diktat weitergehst, lege eine Pause ein!
Du wirst **selbst** erkennen, ob du noch Fehler gemacht hast, die in den bisherigen Programmen behandelt wurden. Wenn du solche Fehler gemacht hast, dann mußt du das betreffende Programm noch einmal durcharbeiten.

Diktate
(Diktatdauer in der Regel 30 bis 45 Minuten; Satzzeichen werden diktiert.)

Unser Schäferhund

Seit ein paar Wochen besitzen wir einen Schäferhund, einen treuen Freund. Morgens und abends macht er mit Vater einen Rundgang um unser Stadtviertel. Mit klugen Augen beobachtet unser Vierbeiner aufmerksam, was um ihn herum vorgeht. Bei Spielen versteht er den Ball unwahrscheinlich behend aufzufangen. Da unser Freund sehr gelehrig ist, gelingt es mir, ihm allerlei Kunststücke beizubringen. Neulich hatten wir ein aufregendes Erlebnis. Während ich mit ihm auf dem Rasen tollte, stürzte er sich plötzlich in ein Gebüsch, wo sich ein Igel versteckt hatte. Jaulend kam er mit blutender Schnauze zu mir zurück. Seit dieser Zeit macht er um den stacheligen, kleinen Burschen einen weiten Bogen und bellt höchstens zornig, wenn dieser aus seiner Futterschüssel Leckerbissen stiehlt. Leider jagt er manchmal Katzen und Amseln. Hoffentlich gewöhnt er sich diese Unart ab, daß wir recht viel Freude an ihm haben können.

Beim Kugelstoßen

Die Kugelstoßer haben den letzten Durchgang begonnen, und immer noch führt ein polnischer Athlet. Jetzt ist er an der Reihe, reibt mit einem Handtuch die Kugel trocken und blickt dabei zu einem Kameraden, der schräg hinter ihm die Aschenbahn hinabläuft. Er wirft das Handtuch fort. Er tritt in den schmutzigroten Ring und umschließt die Kugel, sucht sich einen Griff. Er zieht die Kugel ein. Reglos steht er da, mit dem Rücken zur Wurfrichtung. Und nun beugt er sich herab, springt und dreht sich im Sprung, so daß die Kraft der Körperdrehung noch seinen Stoß verlängert. Steil fliegt die Kugel hoch, zu steil. Sie ist über die Finger abgerutscht. Weit vor der Markierung schlägt sie auf. Der Athlet schaut ungläubig auf seine Hand, schüttelt den Kopf und macht eine Geste, als wollte er seine Hand verwarnen. Trotzdem führt er überlegen, sein Sieg steht fest. Der Zweite liegt über einen halben Meter zurück.

(Aus „Brot und Spiele“ von Siegfried Lenz)

Verregnetes Badevergnügen

An einem heißen Nachmittag ging ich mit meiner Freundin ins Freibad. Schon von weitem hörten wir die vielen Kinder lärmen und kreischen. Wir lösten unsere Karten, zogen uns um und stürzten in das kühle Wasser. Wir tauchten nach Steinen und erklommen den Balken, der Nichtschwimmer und Schwimmer trennt. Plötzlich bezog sich der Himmel, die ersten Tropfen fielen. Jetzt machte uns das Bad erst richtig Spaß. Die Regentropfen wurden immer dicker. Im ganzen Schwimmbecken hüpften Wasserbläschen. Wir schwammen hin und her und quietschten vor Vergnügen. Aber der Regen wurde immer schlimmer. Schließlich mußten wir das Wasser verlassen und uns anziehen. Im stillen hofften wir, daß der Regen bald nachlassen würde. Aber es plätscherte ohne Unterlaß weiter, und der Himmel blieb grau. Es war höchste Zeit für uns, nach Hause zu gehen. Wir hängten uns eine Decke über die Köpfe und liefen durch den strömenden Regen heimwärts.

Aus „Die Baumwollpflücker“ von B. Traven

1.

Ich lebte in größter Einsamkeit. Als einzige Gefährten hatte ich nur Eidechsen, von denen zwei sich in drei Tagen so an mich gewöhnten, daß sie alle ihre angeborene Scheu vergaßen und mir an und auf meinen Füßen die Fliegen wegfingen, die dort nach Krümelchen von meinen Mahlzeiten suchten.
Tagsüber kroch ich in dem nahen Busch herum oder beobachtete die Tiere oder las in den Zeitschriften, die ich vom Lager mitgebracht hatte.
Im Wasser konnte ich schwelgen, so reichlich hatte ich es, weil es inzwischen einige Male tüchtig geregnet hatte und die Zisterne beim Hause zu einem Drittel gefüllt war. Wir hatten ja seinerzeit die Behälter in Ordnung gebracht. Ich konnte mich waschen und mir sogar den Luxus leisten, mich zweimal des Tages zu waschen. Kaffee kochte ich in Riesenmengen, teils um mir die Zeit zu vertreiben, teils um so viel Vorrat in mich hineinzutrinken, daß ich gut wieder einmal einen Marsch von einigen Tagen durch wasserlosen Busch aushalten konnte.

2.

Da ich im Lebensmittelgeschäft reichlich hatte einkaufen können, denn Geld hatte ich jetzt genug, so lebte ich wirklich einen guten Tag. Sorgenfrei, weder durstig noch hungrig, ein freier Mann im freien tropischen Busch, ausruhend nach Belieben und herumstreifend, wo und wann und so lange ich wollte Es ging mir gut.
Die Zisterne, aus der ich mein Wasser holte, war dicht bei dem alten Hause. Und zu diesem Hause hatte ich jedesmal etwa zweihundert Schritte von meinem Unterstand aus zu gehen. Das Wasser holte und schöpfte ich mit einer von jenen Konservenbüchsen, die zwanzig Liter Inhalt haben. Das Haus, das man überall, nur nicht hier, eine ganz elende Bretterbude nennen würde, kaum gut genug, um auf einem Bauplatz als Lagerschuppen zu dienen, stand auf Pfählen. Die meisten Häuser hier, besonders außerhalb der größeren Städte, werden auf Pfählen errichtet. Stünden sie auf flacher Erde, wären sie vielleicht gar noch unterkellert, so würden sie in der Regenzeit jeden Tag überflutet. Das ist aber nicht der einzige Grund.

3.
Bei einem auf Pfählen ruhenden Haus kann der Wind von allen Seiten unter dem Fußboden hin und her fegen und so das Innere des Hauses kühl halten. Außerdem bekommt ein Haus, das in dieser Art gebaut ist, nicht so viel unerwünschte Gäste wie Schlangen, Eidechsen, Skorpione, Spinnen, Grashopper, Grillen, Milliarden von Ameisen und Tausende andere unangenehme Überläufer aus dem nahen Busch. Alle diese mehr oder weniger erfreulichen Bewohner des tropischen Busches klettern natürlich auch an den Pfählen hoch, können aber doch nicht in solchen Mengen und so leicht ins Haus gelangen, wie wenn das Haus auf ebener Erde errichtet wäre.
Alle die Gründe, die den Menschen hier veranlassen, sein Haus in dieser Form zu erbauen, sind die gleichen geblieben, die unsere Urvorväter zwangen, sich eine Behausung in den Wipfeln der Bäume zu bauen.
Ein Holzhaus, so errichtet, erzittert und schwankt oft beim Sturm so, daß man glauben könnte, es sei in der Tat auf einem Baum errichtet.

Vom elektrischen Strom

Wir knipsen am Schalter, und schon brennt das Licht im Zimmer. Was geht da eigentlich vor? Durch elektrischen Strom leuchtet in der Glühbirne ein dünner Metallfaden auf. Der elektrische Strom fließt durch Leitungen, die aus feinen Drähten bestehen, in unsere Wohnungen. Du weißt sicher längst, daß der Strom durch große Maschinen im Elektrizitätswerk erzeugt wird. Sie heißen Turbinen. Diese Turbinen werden durch Wasser angetrieben, das in dicken Röhren vom Wasserwerk auf der Berghöhe in die tieferliegenden Turbinenhallen stürzt. In Überlandleitungen, die entlang riesiger Masten gespannt sind, kommt der Strom oft über Hunderte von Kilometern zum Umspannwerk in die Nähe der Stadt. Da dieser Strom für unsere Haushaltsgeräte viel zu stark ist, muß er erst umgewandelt werden. Der für unseren Gebrauch veränderte Strom wird zu Transformatoren geleitet, die in Stadt und Land zu finden sind. Dort wird er in unsere Häuser und Wohnungen verteilt und fließt dann auch in die Glühbirne in unserem Zimmer.

Ein schöner Frosch

Der Kantor ist nicht nur der größte, sondern auch der schönste Frosch in der Bucht. Er ist knallgrün und hat über dem Rücken zwei breite, schwarzbraune Binden, zwischen denen von der Nase bis zu den Keulen eine gelbgrüne, in der Mitte im Zickzack gebogene Binde herabläuft. Wenn er so daliegt, sieht er ganz ungeheuer aus, und wenn er seine goldenen Glotzaugen aufreißt und die Kinder ansieht, die ihn voller Ehrfurcht, aber auch mit etwas Angst betrachten, dann wundern sie sich, daß er kein goldenes Krönchen auf dem Kopfe trägt; denn daß er kein gewöhnlicher Frosch ist, sondern ein verzauberter Prinz, das steht für sie fest, seit ihnen die Großmutter das Märchen vom Froschkönig erzählt hat.

(Hermann Löns)

Nun hast du genug geübt, mache eine Pause!

Sprachlehre

89 a) Die Wasserleitung ist verstopft.
Der **Vater** muß den Handwerker holen.
b) Wir haben ein Auto. Die **Mutter** braucht es zum Einkaufen.
c) Familie Huber hat einen Buben und ein **Mädchen.** Der Bruder spielt auf der Straße.

Zu jedem Beispiel gehört ein **Fragesatz.**

a) Wer holt den Handwerker?
b) Wer holt den Vater ab?
c) Wer ruft den Buben?

Unterstreiche das Fragewort!

---

98 Bilde jetzt die drei Fragesätze mit „Wen"!
Verwende dabei die vorigen Beispiele!

---

107 Wie viele Fälle sind dir nun bekannt?

---

116 Setze die Hauptwörter in den **geforderten** Fall!

1. Gertrud fürchtet sich **während** ... (das Gewitter).
2. **Wegen ...** (der Lärm) kann ich nicht schlafen.
3. Fritz zieht **statt** ... (der Mantel) eine Wolljacke an.
4. Der Ball liegt **außerhalb** ... (das Spielfeld).
5. **Diesseits** ... (die Stadt) fließt ein Fluß vorbei.

89A Wer holt den Handwerker?
Wer holt den Vater ab?
Wer ruft den Buben?

98A Wen pflegt die Mutter?
Wen besucht das Mädchen?
Wen beschenkt die Oma?

107A 4 Fälle

116A
1. des Gewitters
2. des Lärmes
3. des Mantels
4. des Spielfeldes
5. der Stadt

90 In allen drei Sätzen taucht das Fragewort . . .? auf.

---

99 Schreibe die drei Antworten auf und unterstreiche das Geschlechtswort!

---

108 Schreibe die 4 Fälle untereinander auf, bezeichne sie mit den Zahlen 1 bis 4 und einem Fragewort!

Also so: 1. Fall – Wer-Fall

(fahre fort!) Du kannst die Aufgabe Nr. 106 zu Hilfe nehmen!

---

117 Die richtige Antwort erhältst du, wenn du beim Fragen das **Verhältniswort** dazunimmst!

während . . .?
wegen . . .?

Setze die Fragen für alle 5 Beispiele aus 116 fort!

90A **W e r ?**

99A

das Baby
die Freundin
das Enkelkind

108A

1. Fall – Wer-Fall
2. Fall – Wessen-Fall
3. Fall – Wem-Fall
4. Fall – Wen-Fall

117A

während wessen?
wegen wessen?
statt wessen?
außerhalb wessen?
diesseits wessen?

91 Lies noch einmal die Beispiele in 89. Auf das Fragewort „Wer?" mußt du jeweils eine Antwort geben!

Schreibe die Antwortsätze auf!

---

100 Du hast festgestellt, daß sich das Geschlechtswort beim weiblichen und sächlichen Hauptwort im **Wer-** und **Wen-**Fall nicht verändert.

Es gibt aber noch weitere Fälle.

Der Hund des Polizisten sucht den Dieb.

Schreibe den Satz ab und unterstreiche die Hauptwörter mit den Geschlechtswörtern!

---

109 Bisher hast du Hauptwörter (der Vater, die Mutter, das Mädchen) in der Einzahl **gebeugt,** das heißt in die 4 Fälle gesetzt.

Beuge jetzt in der Mehrzahl **in allen 4 Fällen** die Wörter:

der Vater — die Mutter — das Kind

Achte auf die Endungen! Mach es so:

1. Fall Wer? die Väter — die . . . . . . — die . . .
2. Fall Wessen? . . . .

---

118 Du hast jedesmal den 2. Fall eingesetzt. Was ist schuld daran:

a) die Zeitwörter?
b) die Verhältniswörter?

91A

1. Der Vater holt den Handwerker.
2. Die Mutter holt den Vater ab.
3. Das Mädchen ruft den Buben.

100A

Der Hund des Polizisten sucht den Dieb.

109A

1. Fall Wer?	die Väter – die Mütter – die Kinder
2. Fall Wessen?	der Väter – der Mütter – der Kinder
3. Fall Wem?	den Vätern – den Müttern – den Kindern
4. Fall Wen?	die Väter – die Mütter – die Kinder

118A

b) die Verhältniswörter

Nun kannst du wieder eine Pause machen.

92 In jeder Antwort befinden sich **zwei** Hauptwörter. Du mußt dich jetzt entscheiden, auf welches dieser Hauptwörter sich die Frage „Wer?“ bezieht:

Im 1. Satz auf „der Vater“ oder „den Handwerker“?
Im 2. Satz auf „den Vater“ oder „die Mutter“?
Im 3. Satz auf „das Mädchen“ oder „den Buben“?

---

101 Die Freundin der Tochter besucht die Familie.
Der Besitzer des Hauses bestellt den Malermeister

Schreibe hier aus jedem Satz alle Hauptwörter mit den Geschlechtswörtern heraus!

---

110 Der Hund erkennt die Stimmen seiner Freunde.

In welchem **Fall** und welcher Zahl stehen die Hauptwörter in diesem Satz? Schreibe die Antworten auf!

---

119 Schreibe unter Benutzung der Verhältniswörter

mit — aus — von — nach — bei — zu — durch — gegen

die zu ihnen passenden Fragewörter auf.

92A	Im 1. Satz auf „**der** Vater“ Im 2. Satz auf „**die** Mutter“ Im 3. Satz auf „**das** Mädchen“		
101A	Die Freundin Der Besitzer	der Tochter des Hauses	die Familie den Malermeister
110A	Wer? Wen? Wessen?	der Hund die Stimmen seiner Freunde	1. Fall Einzahl 4. Fall Mehrzahl 2. Fall Mehrzahl
119A	mit wem? aus wem? von wem? nach wem?	bei wem? zu wem? durch wen? gegen wen?	

93 Schreibe nun aus jedem Antwortsatz das zweite Hauptwort mit dem dazugehörenden Geschlechtswort heraus!

---

102 Welche der gefundenen Hauptwörter geben Antwort

a) auf die Frage „Wer"? b) auf die Frage „Wen"?

---

111 Im 1. und 4. Fall werden nur bei Menschen und Tieren die Fragen **„Wer"** und **„Wen"** gebraucht.

Bei allen Dingen wird **„Was"** gefragt.

Das Kind zerbricht **das Glas des Spiegels.**

Frage richtig nach den Fällen der Hauptwörter dieses Satzes!

---

120 Gib a) Antwort auf die Fragen „wo?" und „wohin?"
und b) stelle fest, welchen **Fall** das jeweilige Fragewort fordert!

wo?	wohin?
auf . . . Eis	auf . . . Eis
in . . . Stadt	in . . . Stadt
unter . . . Tisch	unter . . . Tisch

93A **den** Handwerker
den Vater
den Buben

102A

a) auf „Wer?“
Die Freundin
Der Besitzer

b) Auf „Wen?“
die Familie
den Malermeister

111A

Wer?	das Kind
Was?	das Glas
Wessen?	des Spiegels

120A

a)

wo?	wohin?
auf dem Eis	auf das Eis
in der Stadt	in die Stadt
unter dem Tisch	unter den Tisch

b) „wo?“ fordert den 3. Fall
„wohin?“ fordert den 4. Fall

94 Hier ist in allen drei Beispielen das Geschlechtswort **„der“** verändert.

Statt **der** Handwerker	steht „den“
Statt **der** Vater	steht „den“
Statt **der** Bube	steht „den“

Hier kannst du nicht mit „Wer?“ fragen. Es liegt ganz offenbar ein anderer Fall vor. In diesem Falle fragst du

. . . holt der Vater?
. . . holt die Mutter ab?
. . . ruft das Mädchen?

---

103 Es sind noch andere Hauptwörter übriggeblieben. Schreibe sie untereinander und unterstreiche das dazugehörende Geschlechtswort!

---

112 Die Räder des Autos erfassen den Hund.

Frage noch einmal nach den Fällen! Denke an „Was?“!

---

121 ich — du — er — wir — ihr — sie

bezeichnen **Personen.** Deshalb heißen sie **„persönliche Fürwörter“.** Wir können die persönlichen Fürwörter in die 4 Fälle setzen.

Du wirst dich meiner erinnern.
Ich wünsche mir einen Ball.
Die Mutter hat mich lieb.

Erfrage die **unterstrichenen** persönlichen Fürwörter durch:

Wer? — Wessen? — Wem? — Wen?

„Wen?“

103A **der** Tochter
des Hauses

112A

Was?	die Räder	1. Fall Mehrzahl
Wessen?	des Autos	2. Fall Einzahl
Wen?	den Hund	4. Fall Einzahl

121A

Wer?	— du	Wessen?	— meiner
Wer?	— ich	Wem?	— mir
		Wen?	— mich

95 Es gibt also einen **Wer**-Fall und einen **Wen**-Fall.

Wen holt der Vater?
Wen holt die Mutter ab?
Wen ruft das Mädchen?

Schreibe die richtigen **Antwortsätze** auf und unterstreiche den **Wen-Fall!**

---

104 der Tochter — des Hauses

geben jeweils die Antwort auf die Frage „W e s s e n ?" **Wer-Fall** und **Wen-Fall** sind bekannt. Der neue Fall heißt . . . . . . Fall!

---

113 Durch richtiges Fragen findest du Zeitwörter heraus, die den „Wem-Fall" oder den „Wen-Fall" fordern.

Beispiel:

bei „finden" — wir finden **den** Weg
bei „danken" — wir danken **dem** Vater.

Schreibe auf, welchen Fall fordern:

suchen, gehorchen, dienen, tragen.

---

122 Stelle die richtigen Fragen zu den unterstrichenen **Fürwörtern!**

Peter hat <u>ihn</u> gesehen. Die Mutter hat <u>ihm</u> geholfen. Während der Ferien habe ich <u>seiner</u> gedacht.

95A Der Vater holt den Handwerker.
Die Mutter holt den Vater ab.
Das Mädchen ruft den Buben.

104A der **Wessen-Fall**

113A

suchen	—	Wen-Fall
gehorchen	—	Wem-Fall
dienen	—	Wem-Fall
tragen	—	Wen-Fall

122A Wen? – ihn; Wem? – ihm; Wessen? – seiner

96 Wie sieht es aber bei weiblichen und sächlichen Hauptwörtern im „Wer"- und „Wen-Fall" aus? Zum Beispiel:

Die Mutter pflegt das Baby.
Das Mädchen besucht die Freundin.
Die Oma beschenkt das Enkelkind.

Bilde zuerst die drei Fragesätze mit „Wer?"

---

105 Der Postbote begegnet dem Straßenbahnschaffner.
Der Briefträger begegnet der Zeitungsfrau.
Die Krankenschwester hilft dem Kind.

Schreibe aus diesen Sätzen alle Hauptwörter mit dem Geschlechtswort heraus!

---

114 Schwieriger ist es beim zweiten, dem „Wessen"-Fall:

Ich **erinnere mich** des Gewitters.
Die Gemeinde **gedenkt** . . . verstorbenen Bürgermeisters.
Der Angeklagte wird . . . (Raub) **bezichtigt.**
Wir **erfreuen uns** . . . Ferien.

Schreibe die Sätze ab und ergänze sie!

---

123 Frage wieder und stelle die Fälle und die Zahl fest!

Sie haben **ihr** eine Puppe geschenkt.
Sie hat **ihnen** Kuchen gebracht

96A Wer pflegt das Baby?
Wer besucht die Freundin?
Wer beschenkt das Enkelkind?

105A

Der Postbote	dem Straßenbahnschaffner
Der Briefträger	der Zeitungsfrau
Die Krankenschwester	dem Kind

114A Die Gemeinde gedenkt **des** verstorbenen Bürgermeisters.
Der Angeklagte wird **des** Raubes bezichtigt.
Wir erfreuen uns **der** Ferien.

123A

Wem? – ihr	=	3.	Fall	Einzahl
Wem? – ihnen	=	3.	Fall	Mehrzahl

97 Schreibe die drei Antworten auf und unterstreiche jeweils das Geschlechtswort!

---

106 Du siehst, es gibt noch einen weiteren Fall mit verändertem Geschlechtswort.

— **dem** Straßenbahnschaffner
— **der** Zeitungsfrau
— **dem** Kind

Welches Fragewort wird für diesen Fall benötigt?

1. Wer? 2. Wessen? 3. Wem? 4. Wen?

Suche das richtige Fragewort heraus!

---

115 Schreibe jetzt noch auf, welche **Zeitwörter** in den von dir gerade ergänzten Sätzen den „Wessen"-Fall **gefordert** haben!

---

124 Ersetze, wo es möglich ist, die Hauptwörter durch **persönliche Fürwörter!**

Die Mutter hat den Vater von der Arbeit abgeholt. — Die Kinder haben die Freunde im Garten gesehen. — Ulla streichelt die Katze. — Der Schiedsrichter hat dem Spieler einen Verweis erteilt. — Die Gemeinderäte haben der Weltmeister gedacht.

97A Die Mutter pflegt das Baby.
Das Mädchen besucht die Freundin.
Die Oma beschenkt das Enkelkind.

(Nr. 98, S. 63)

106A 3. W e m ?

(Nr. 107, S. 63)

115A gedenken
bezichtigen
erfreuen

(Nr. 116, S. 63)

124A Sie hat ihn von der Arbeit abgeholt.
Sie haben sie im Garten gesehen.
Sie streichelt sie.
Er hat ihm einen Verweis erteilt.
Sie haben ihrer gedacht.

125 Bilde von jedem der folgenden Hauptwörter den 2. Fall **Einzahl** und den 3. Fall **Mehrzahl!**

der Vater, die Näherin, das Huhn.

Wenn du ein Hauptwort in die vier Fälle setzt, hast du das Wort gebeugt.

127 Beuge in der Einzahl:

das Haus, der Bär, ein Baum!

---

129 Einem vorsichtig . . Autofahrer passiert kaum ein schwer . . Unfall. Das Fell des dick . . Bären ist braun. Der ehrlich . Finder bekommt eine hoh . Belohnung. Die gut . Arznei hilft den krank . . Kindern.

Schreibe die Sätze ab und fülle die Lücken aus! Du wirst feststellen:

Das Eigenschaftswort richtet sich in der Beugung nach dem Hauptwort, zu dem es gehört!

---

131 Bilde die vier Fälle in der Einzahl:

„Sein schönstes Buch“

Setze in den 3. Fall Mehrzahl:

„Mein folgsamer Hund“
„Dieser lustige Affe“

125A	des Vaters	den Vätern
	der Näherin	den Näherinnen
	des Huhnes	den Hühnern

127A	das Haus	der Bär	ein Baum
	des Hauses	des Bären	eines Baumes
	dem Haus	dem Bären	einem Baum
	das Haus	den Bär	ein Baum

129A Einem vorsichtigen Autofahrer passiert kaum ein schwerer Unfall. Das Fell des dicken Bären ist braun. Der ehrliche Finder bekommt eine hohe Belohnung. Die gute Arznei hilft den kranken Kindern.

131A Sein schönstes Buch
seines schönsten Buches
seinem schönsten Buch
sein schönstes Buch

meinen folgsamen Hunden
diesen lustigen Affen

126 Wie lauten folgende Ausdrücke in der Mehrzahl:

der flinke Frosch, der große Schlüssel, die leere Schüssel, der bissige Hund, der gefährliche Biß.

---

128 Setze in der folgenden Übung die richtigen Endungen ein:

(Jeder Punkt in der Lücke bedeutet je einen Buchstaben)

Das Eichhörnchen blieb sei . . . menschli . . . . Freund . . treu. Es folgte d . . Spaziergäng . . . wie ein wohlerzogen . . Hündchen, bettelte um ein . . Bis . . . und reckte dabei den schlanken Körper kerzengerad . auf, um in d . . Besitz eini . . . Nüßch . . zu kommen.

---

130 Bilde die 4 Fälle in der **Mehrzahl** von:

„Dieser geräumige Flugplatz"
„Das unglückselige Ereignis"

---

132 Berichtige folgende Sätze:

Ich habe dir zum Bahnhof bestellt. – Willst du ohne mir fahren. – Er tritt mich auf die Füße. – Ich danke sie für die Einladung. – Sie müssen ihnen suchen. – Meine Schwester kann dir leiden.

Ob du alles richtig gemacht hast, erfährst du auf der nächsten Seite.

126A Die flinken Frösche, die großen Schlüssel, die leeren Schüsseln, die bissigen Hunde, die gefährlichen Bisse.
(weiter 127)

128A Das Eichhörnchen blieb seinen menschlichen Freunden treu. Es folgte den Spaziergängern wie ein wohlerzogenes Hündchen, bettelte um einen Bissen und reckte dabei den schlanken Körper kerzengerade auf, um in den Besitz einiger Nüßchen zu kommen.

130A

Diese geräumigen Flugplätze,
dieser geräumigen Flugplätze,
diesen geräumigen Flugplätzen,
diese geräumigen Flugplätze,

die unglückseligen Ereignisse,
der unglückseligen Ereignisse,
den unglückseligen Ereignissen,
die unglückseligen Ereignisse.

132A Ich habe dich zum Bahnhof bestellt. – Willst du ohne mich fahren? – Er tritt mir auf die Füße. – Ich danke ihr für die Einladung. – Sie müssen sie suchen. – Meine Schwester kann dich leiden.

Schluß für heute! Morgen geht es weiter.

133 **Wir beschäftigen uns jetzt mit der Satzlehre**

Die Kinder singen ihrer Mutter ein lustiges Geburtstagsständchen.

Diese kurze Geschichte besteht aus einem einzigen Satze. Schreib auf, **wer** in dieser Geschichte **etwas tut!**

---

139 Die gefundenen Teile **erweitern** und **ergänzen** den **einfachen** Satz.

Suche die richtige Frage, wenn du nach der **Ergänzung**
„ihrer Mutter"
fragst.

a) Wer? b) Wessen?
c) Wem? d) Wen oder Was?

---

145 Der Storch baut sein Nest auf dem hohen Kirchturm.

Die Beifügung steht hier in einer Ergänzung. Suche diese Ergänzung heraus und unterstreiche die Beifügung!

---

151 Der Satzgegenstand steht also nicht immer am Anfang eines Satzes.

„Das Wettspiel der beiden Vereine lockt die Zuschauer an."

Frage nach den Hauptwörtern und bestimme **den jeweiligen Fall!**

133A Die Kinder

139A c) Wem?

145A auf dem **hohen** Kirchturm

151A Was? – das Wettspiel: 1. Fall
Wessen? der beiden Vereine: 2. Fall
Wen? die Zuschauer: 4. Fall.

134 Durch die Frage „wer oder was tut etwas?" erfahren wir in jedem Satze den **Satzgegenstand.**
Wie heißt der Satzgegenstand in unserem Satz?

---

140 Es ist also eine Ergänzung im . . . . . . Fall.

---

146 Zu welcher Wortart zählst du die bisher gefundenen Beifügungen:

„lustige" und „hohen"?

Es sind:

a) Zeitwörter
b) Eigenschaftswörter

Was ist richtig?

---

152 „Der unvorsichtige Radfahrer ist überfahren worden."

Unterstreiche den Satzgegenstand einmal, die Satzaussage zweimal!

134A Die Kinder

140A c) im dritten Fall

146A b) Eigenschaftswörter

152A Der unvorsichtige Radfahrer ist überfahren worden.

135 Die Kinder singen.

Was tun die Kinder? Gib Antwort!

---

141 Suche nach der richtigen Frage für die Ergänzung: „ein lustiges Geburtstagsständchen".

a) Wer? c) Wem?
b) Wessen? d) Wen?

Schreibe auch gleich auf, wie diese Ergänzung heißt!

---

147 Die Beifügung zu dem dazugehörenden Hauptwort erfährst du auf die Frage „Was für ein?"

„Durch den dunklen Tunnel fährt ein langer Güterzug."

Frage richtig nach den Beifügungen!

---

153 Er holt Papier.
Du schreibst Briefe.
Sie tanzt Walzer.

In jedem dieser Sätze befindet sich **ein Hauptwort.** Diese Hauptwörter sind:

a) der Satzgegenstand
b) eine Ergänzung

Was ist richtig?

135A singen

141A d) Wen?

Ergänzung im vierten Fall.

147A Was für ein Tunnel? — ein dunkler Tunnel

Was für ein Güterzug? — ein langer Güterzug

153A b) eine Ergänzung

136 Die gefundene Antwort **sagt aus,** was die Kinder tun. Was die Kinder tun, ist also wieder **ein Satzteil.**

Du weißt, dieser Satzteil heißt . . . .

---

142 Bestimme im folgenden Satz die **Satzteile!**

„Der Frosch glotzte die Kinder mit großen Augen an."

Unterstreiche den Satzgegenstand **einmal,** die Satzaussage **zweimal,** die Ergänzungen **dreimal.**

---

148 Der Vogel ist auf . . . Baum geflogen. Er sitzt auf . . . Ast. Weiter oben ist in . . . Krone sein Nest. Er hat es kunstvoll in . . . Astgabel gebaut. In . . . Nest sitzt . . . Weibchen auf . . . Eiern. Es hat sich hinter . . . Blättern gut versteckt.

a) Setze an Stelle der Punkte das fehlende Geschlechtswort im richtigen Fall ein!
b) **Unterstreiche** in jedem Satz: Satzgegenstand und Satzaussage!

---

154 Er holt Papier.
Du schreibst Briefe.
Sie tanzt Walzer.

Schreibe aus den Sätzen jeweils den **Satzgegenstand** heraus!

136A die Satzaussage

142A Der Frosch glotzte die Kinder mit großen Augen an.

148A Der Vogel ist auf den Baum geflogen. Er sitzt auf dem Ast. Weiter oben ist in der Krone sein Nest. Er hat es kunstvoll in die Astgabel gebaut. In dem Nest sitzt das Weibchen auf den Eiern. Es hat sich hinter den Blättern gut versteckt.

154A Er – Du – Sie

137 Die **Satzaussage** erfährst du auf die Fragen:

Was tut?
Was geschieht?
Wie ist etwas? oder Was ist?

Schreibe auf, wie viele Satzteile wir bis jetzt gefunden haben und wie sie heißen.

---

143 Schreibe auch auf, in welchen Fällen die gefundenen Ergänzungen stehen!

---

149 Bestimme in folgendem Satz alle Satzteile:

„Mit seinen Krallen grub das Eichhörnchen ein Loch."

---

155 Er schenkt dem Bruder die Bücher.
Der Postbote übergibt Vater Briefe.
Franz möchte gerne Hasen besitzen.

Schreibe die Sätze ab und unterstreiche alle Hauptwörter!

137A Satzgegenstand und Satzaussage

143A die Kinder = Ergänzung im 4. Fall
mit großen Augen = Ergänzung im 3. Fall

149A das Eichhörnchen – Satzgegenstand
grub – Satzaussage
mit seinen Krallen – Ergänzung im 3. Fall
ein Loch – Ergänzung im 4. Fall

155A Er schenkt dem Bruder die Bücher.
Der Postbote übergibt Vater Briefe.
Franz möchte gern Hasen besitzen.

138 Im einfachsten Satz müssen immer **Satzgegenstand** und **Satzaussage** vorhanden sein.

In dem bekannten Satz: „Die Kinder singen ihrer Mutter ein lustiges Geburtstagsständchen", sind **nicht nur** Satzgegenstand und Satzaussage enthalten.

Schreibe **die übrigen Teile** des Satzes untereinander auf!

---

144 Außer den Ergänzungen gibt es noch **die Beifügung.**

Der lustige Hampelmann strampelt mit den Beinen.

Im **Satzgegenstand** ist die **Beifügung** enthalten. Schreibe den Satzgegenstand auf und unterstreiche die Beifügung!

---

150 „Diese Schüssel kaufte der Kunsthändler dem Bauern ab."

a) Bestimme im obigen Satz die Ergänzungen.

b) Stelle fest, wo der Satzgegenstand steht: am Anfang – in der Mitte – am Ende des Satzes!

---

156 Alle die unterstrichenen Hauptwörter stehen in einem bestimmten **Fall.** Stelle der Reihe nach durch Fragen fest, welche der Hauptwörter Satzgegenstand und welche Ergänzungen sind!

138A „ihrer Mutter“
„ein lustiges Geburtstagsständchen“

(139)

144A Der lustige Hampelmann

150A a) dem Bauern – Ergänzung im 3. Fall
diese Schüssel – Ergänzung im 4. Fall

b) in der Mitte des Satzes

156A

dem Bruder	– Wem?	– Ergänzung im 3. Fall
die Bücher	– Was?	– Ergänzung im 4. Fall
der Postbote	– Wer?	– Satzgegenstand
Vater	– Wem?	– Ergänzung im 3. Fall
Briefe	– Was?	– Ergänzung im 4. Fall
Franz	– Wer?	– Satzgegenstand
Hasen	– Wen?	– Ergänzung im 4. Fall

Ende des Lernabschnittes.

157 Ganz wichtig ist, daß du mit den **„Zeitwörtern“** richtig umgehen kannst.

Was du gestern, heute oder morgen **tust,** tust du zu verschiedenen **Zeiten.**

In der Sprachlehre gelten folgende Bezeichnungen:

a) für „jetzt“ — Gegenwart
b) für „gestern“ — Vergangenheit
c) für „morgen“ — Zukunft

Dies sind also verschiedene ......

---

162 Beuge in allen Personen der Gegenwart nebeneinander die Zeitwörter „arbeiten“ — „schwimmen“ — und unterstreiche die Endungen!

Mache es so:

Ich arbeit<u>e</u> ich schwimm<u>e</u>
....

---

167 Wir bauen ein Haus. — Der Zugvogel fliegt nach Süden. — Du singst im Kinderchor.

a) Setze diese Sätze in die **Zukunft!**
b) Stelle den Unterschied zu Gegenwart und Vergangenheit fest!

Es ist etwas dazugekommen!

---

172 Sie **hatte** genäht. Der Dieb **hatte** gestohlen. Der Radfahrer **war** gestürzt. Sie **waren** geflohen.

In welcher Zeit stehen diese Sätze?

a) Sie stehen in der 1. Vergangenheit.
b) In der 3. Vergangenheit.
c) In der 2. Vergangenheit.

Suche die richtige Antwort!

157A Zeiten

162A

Ich arbeite	ich schwimme
du arbeitest	du schwimmst
er arbeitet	er schwimmt
wir arbeiten	wir schwimmen
ihr arbeitet	ihr schwimmt
sie arbeiten	sie schwimmen

167A

a) Wir werden ein Haus bauen. – Der Zugvogel wird nach Süden fliegen. – Du wirst im Kinderchor singen.

b) Die Wörter „werden" – „wird" und „wirst" sind dazugekommen.

172A b) in der 3. Vergangenheit

Beachte hier die Veränderung der Hilfszeitwörter „haben" und „sein". Vergleiche mit LE 170

158 Du weißt, daß

„rufen, spielen, schwimmen"

Tätigkeitswörter in der **Nennform** sind. Du kannst zu **verschiedenen Zeiten** rufen, spielen, schwimmen. Daher nennt man die Tätigkeitswörter auch . . . . wörter.

---

163 Schreibe wieder nebeneinander in allen Personen die beiden Zeitwörter „arbeiten", „schwimmen", diesmal in der 1. Vergangenheit!

---

168 Du siehst, für die Bildung der **Zukunft** hast du ein Wort zu **Hilfe** genommen, nämlich **„werden".** Das **Zeitwort** „werden", das man zu **Hilfe** nimmt, heißt . . . .

---

173 Ich schreibe – sie fliegen.

Setze diese Formen:

a) in die 1. Vergangenheit
b) in die 2. Vergangenheit
c) in die 3. Vergangenheit

158A Zeitwörter

163A

Ich arbeitete	ich schwamm
du arbeitetest	du schwammst
er arbeitete	er schwamm
wir arbeiteten	wir schwammen
ihr arbeitetet	ihr schwammt
sie arbeiteten	sie schwammen

168A Hilfszeitwort

173A

a) ich schrieb	a) sie flogen
b) ich habe geschrieben	b) sie sind geflogen
c) ich hatte geschrieben	c) sie waren geflogen

159 Er ruft den Freund. – Sie spielte im Garten. – Wir werden im Sommer schwimmen.

Schreibe auf, welcher Satz steht:

a) in der Gegenwart
b) in der Vergangenheit
c) in der Zukunft

---

164 Was hast du festgestellt? Bei **beiden** Zeitwörtern sind:

a) die Endungen gleich;
b) die Endungen verschieden;
c) die Selbstlaute gleichgeblieben;
d) die Selbstlaute verändert.

Suche die richtigen Antworten!

---

169 Ich werde singen – du wirst spielen – er wird rufen – wir werden klopfen – ihr werdet hüpfen – sie werden wandern

Schreibe **alle Formen** in deinem Heft **untereinander** und unterstreiche:

a) das Hilfszeitwort
b) Stelle dabei fest:

1. ob das **Hilfszeitwort** gebeugt wird;
2. ob das **Zeitwort** gebeugt wird.

---

174 Er wird geflogen sein. – Er wird fliegen. – Er wird den Rucksack getragen haben. – Er wird den Rucksack tragen.
Wir werden uns die Hände gereicht haben. – Wir werden uns die Hände reichen.
Das Flugzeug wird gelandet sein. – Das Flugzeug wird landen.
Diese Sätze stehen in der **1. und 2. Zukunft.** Schreibe die Sätze in der 2. Zukunft heraus und **unterstreiche** alle Hilfszeitwörter!

159A a) Er ruft den Freund.
b) Sie spielte im Garten.
c) Wir werden im Sommer schwimmen.

164A b) Die Endungen sind verschieden.
d) Die Selbstlaute haben sich verändert.

169A a)

Ich **werde** singen	wir **werden** klopfen
du **wirst** spielen	ihr **werdet** hüpfen
er **wird** rufen	sie **werden** wandern

b) 1. Das Hilfszeitwort wird gebeugt.

174A Er wird geflogen sein. Er wird den Rucksack getragen haben. Wir werden uns die Hände gereicht haben. Das Flugzeug wird gelandet sein.

160 Die Zeitwörter treten oft im **Zusammenhang mit persönlichen Fürwörtern oder Hauptwörtern** auf.

Du weißt schon, was man unter **Beugung** versteht. Beuge das Zeitwort „spielen" in **allen Personen** (ich, du, ..), Einzahl und Mehrzahl der **Gegenwart!**

---

165 Es gibt also zwei verschiedene Arten von Zeitwörtern. Du kannst die Verschiedenheit nur durch Beugung erkennen.
Bei **schwachen** Zeitwörtern **ändern** sich **nur** die Endungen.
Bei **starken** Zeitwörtern **ändert** sich auch der **Selbstlaut.**
Setze folgende Zeitwörter in die dritte Person Einzahl der 1. Vergangenheit und ordne sie nach **starken** und **schwachen** Zeitwörtern:

leben, erschrecken, erzählen, fragen, schließen, brechen, lachen, sehen.

---

170 Gegenwart, 1. Vergangenheit und Zukunft heißen **„einfache Zeiten".** Du sollst aber auch die 2. und 3. Vergangenheit und die 2. Zukunft kennenlernen. **Folgende Sätze stehen in der 2. Vergangenheit:**

Er **hat** gefragt — wir **haben** gespielt — sie **ist** gekommen — sie **sind** gegangen.

Schreibe a) die Sätze ab
b) stelle die **Nennform** der verwendeten **Hilfszeitwörter** fest.

---

175 In Verbindung mit einem Hauptwort oder einem Eigenschaftswort können die Hilfszeitwörter wie Zeitwörter gebeugt werden.

a) Ich habe Hunger
Ich werde krank

b) Ich hatte Glück
Ich war klug

c) Ich werde Angst haben
Ich werde groß werden

Setze die Beispiele schriftlich in die 1. Person Mehrzahl und stelle jeweils für a), b) und c) die Zeiten fest!

160A	Ich spiele	es spielt
	du spielst	wir spielen
	er spielt	ihr spielt
	sie spielt	sie spielen

165A	**starke** Zeitwörter	**schwache** Zeitwörter
	er erschrak	er lebte
	er schloß	er erzählte
	er brach	er fragte
	er sah	er lachte

170A

a) Er **hat** gefragt – Wir **haben** gespielt – Sie **ist** gekommen – Sie **sind** gegangen

b) haben – sein

175A

a) Wir haben Hunger.
Wir werden krank.
Gegenwart

b) Wir hatten Glück.
Wir waren klug.
1. Vergangenheit

c) Wir werden Angst haben.
Wir werden groß werden.
1. Zukunft

161 Beuge das Zeitwort „spielen" in derselben Weise in der **1. Vergangenheit!**

---

166 Setze jetzt den folgenden Satz in die **Zukunft:**

Sie gehen in den Garten.

---

171 Ich habe geschrieben — er hat gelacht — sie ist gefahren — wir sind gelaufen.

Schreibe die Formen auf und unterstreiche

a) die **Zeitwörter**

und stelle fest,

b) welche **Vor**silbe bei jedem Zeitwort dazugekommen ist und
c) in welcher Zeit die Sätze stehen!

---

176 Jetzt lernst du, daß jedes Zeitwort auch eine Befehlsform hat! Du kannst deinem Freund oder auch deinen Freunden **befehlen,** etwas zu tun.

Bilde aus der **Nennform** folgender Zeitwörter die **Befehlsform** in **Einzahl** und **Mehrzahl** und schreibe sie auf:

laufen, schweigen, trinken, rufen, kochen, holen.

Schreibe hinter jedem Befehl ein Ausrufezeichen!

161A Ich spielte
du spieltest
er spielte
wir spielten
ihr spieltet
sie spielten

(weiter bei Nr. 162 auf S. 97)

166A Sie **werden** in den Garten gehen.

(S. 97 weiter)

171A a) Ich habe geschrieben – er hat gelacht – sie ist gefahren – wir sind gelaufen.

b) die Vorsilbe „ge" ist hinzugekommen!

c) 2. Vergangenheit.

176A

lauf!	schweig!	trink!	ruf!
lauft!	schweigt!	trinkt!	ruft!
koche! kocht!	hole!	holt!	

Nachdem du die verschiedenen Formen der Zeitwörter geübt hast, mach wieder eine Pause! Morgen geht es mit 177 weiter.

177 Setze die Zeitwörter folgender Sätze in die 1. Vergangenheit!

Der Frosch frißt Gras. — Er sitzt auf der Wiese. — Er hüpft in den Bach. — Wir fangen den Frosch. — Entwischt er uns?

---

179 Ich backe Brot.

Wie heißt dieser Satz in der 3. Person der 1. Vergangenheit?

---

181 Setze in die Einzahl, wo es möglich ist!

Nehmt die Hunde, gebt ihnen Knochen und vergeßt nicht, ihre Schüsseln mit Wasser zu füllen!

---

183 Setze passende Zeitwörter für „tun" ein!

Ich tue das Rad in den Keller. — Mein Bruder tut die Maikäfer in eine Schachtel. — Tu das Wasser in den Eimer! — Tut euere Bücher weg!

177A Der Frosch fraß Gras. – Er saß auf der Wiese. – Er hüpfte in den Bach. – Wir fingen den Frosch. – Entwischte er uns?

179A Er backte Brot.

181A Nimm den Hund, gib ihm einen Knochen und vergiß nicht, seine Schüssel mit Wasser zu füllen!

183A Ich trage (stelle) das Rad in den Keller.
Mein Bruder sperrt die Maikäfer in eine Schachtel.
Schütte (gieß) das Wasser in den Eimer!
Räumt (legt) euere Bücher weg!

178 Ein junger Vogel ist herabgefallen. – Mein Freund fängt ihn.

Setze die beiden Sätze

a) in die Mehrzahl,
b) in die 3. Vergangenheit

und

c) in die 1. Zukunft!

---

180 Nehme das Fahrrad und hole zehn Brötchen!

In diesem Satz ist ein Fehler. Verbessere ihn!

---

182 Menschen unterhalten sich. Sie sprechen, brüllen, flüstern, schreien, tuscheln.

Ordne diese Wörter nach der Lautstärke, in der diese Unterhaltung stattfindet!

---

184 Nenne einen Gegensatz zu:

schwierig, fremd, traurig, tapfer, hungrig.

Bilde Eigenschaftswörter von:

Silber, Fleiß, Furcht, Haß, Arbeit.

Die Antwort erfährst du auf der nächsten Seite!

178A a) Junge Vögel sind herabgefallen.
Meine Freunde fangen sie.
b) Ein junger Vogel war herabgefallen.
Mein Freund hatte ihn gefangen.
c) Ein junger Vogel wird herabfallen.
Mein Freund wird ihn fangen.

Achte auf die laufende Nummer des Programmes!

180A Nimm das Fahrrad und hole zehn Brötchen!

182A Menschen unterhalten sich. Sie flüstern, tuscheln, sprechen, schreien, brüllen.

184A leicht, bekannt, lustig, (heiter), feige, satt.
silbrig, fleißig, furchtsam, gehässig, arbeitsam.

185 Familie Huber hat drei Kinder! Franz ist groß, Anna ist größ**er,** Hans ist **am** größt**en.**

Das Rathaus ist alt. Die Kirche ist ält**er.** Das Stadttor ist am ält**esten.**

Du weißt schon, worauf es ankommt. Setze nun folgende Eigenschaftswörter sinnvoll in die obigen Sätze ein und **steigere** sie den Beispielen entsprechend:

fleißig, sehenswert.

---

187 Zeichne folgende Tabelle in dein Heft:

Grundstufe   1. Steigerungsstufe   2. Steigerungsstufe
Ordne nun in die Tabelle folgende Eigenschaftswörter nach ihrer Steigerungsstufe ein:

dicker — glatt — am längsten — schön — am gesündesten — fetter — zahm — am häßlichsten — leichter.

---

189 Die Steigerungsstufen sind Vergleiche von Eigenschaften. Eine Sache ist **so schwer wie** eine andere Sache.

Vergleiche: Ein Kilogramm Blei und ein Kilogramm Federn.
Eine Waschmaschine und ein Kühlschrank.

Setze in folgenden Sätzen das richtige **Vergleichswort** ein:

Ein Kilogramm Blei ist so schwer ... ein Kilogramm Federn. — Eine Waschmaschine ist so schwer ... ein Kühlschrank.

---

191 Die Vereine der Bundesliga spielen besser ... die Vereine der Regionalliga. Die Turnerinnen haben mehr Punkte erreicht ... die Turner. Das Lesebuch ist dicker ... das Rechenbuch.

Setze jeweils das richtige Vergleichswort ein!

185A Franz ist fleißig.
Anna ist fleißiger.
Hans ist am fleißigsten.
Das Rathaus ist sehenswert.
Die Kirche ist sehenswerter.
Das Stadttor ist am sehenswertesten.

187A

Grundstufe	1. Steigerungsstufe	2. Steigerungsstufe
glatt	dicker	am längsten
schön	fetter	am gesündesten
zahm	leichter	am häßlichsten

189A Ein Kilogramm Blei ist so schwer **wie** ein Kilogramm Federn.
Eine Waschmaschine ist so schwer **wie** ein Kühlschrank.

Merke: Bei einem Vergleich von Eigenschaften in der Grundstufe wird immer das Wörtchen **wie** verwendet.

191A Die Vereine der Bundesliga spielen besser **als** die Vereine der Regionalliga.
Die Turnerinnen haben mehr Punkte erreicht **als** die Turner.
Das Lesebuch ist dicker **als** das Rechenbuch.

186 Du erkennst: Die Steigerung hat **drei** verschiedene Stufen. Sie heißen:

Grundstufe – 1. Steigerungsstufe – 2. Steigerungsstufe.

Schreibe genau auf, welche Veränderungen du bei der 1. und 2. Steigerungsstufe gefunden hast!

188

gut	– guter	– am gutesten
hoch	– höcher	– am höchsten
viel	– vieler	– am vielsten

Das ist doch falsch! Bringe die Sache in Ordnung!
Der Apfel ist gut. Die Orange ist ... Der Pfirsich ist ...
Der Stadtturm ist hoch. Der Kirchturm ist ... Der Fernsehturm ist ...

Die Katze frißt viel. Der Hund frißt ... Der Hamster frißt ...

---

190 Bei einem **Vergleich von Eigenschaften in der 1. Steigerungsstufe wird immer das Wörtchen „als" verwendet!**

Fritz schreibt schöner wie Erna.
Fritz schreibt schöner als Erna.

Ist der erste oder der zweite Satz richtig? Entscheide dich!

---

192 Du hast gelernt:

In der 1. Steigerungsstufe verwendet man das Vergleichswort „als".

Mein Hund Bello frißt mehr wie deine Katze. Der Hubschrauber fliegt nicht so schnell als ein Verkehrsflugzeug. Irmas Kleider gefallen mir besser als die meinen. Die Zugspitze ist höher wie der Feldberg.

Verbessere die Sätze! Hoffentlich findest du alle Fehler!

186A Die 1. Steigerungsstufe erhält die Endung „er".

Die 2. Steigerungsstufe erhält das Wörtchen „am" vorgestellt und als Endung entweder „sten" oder „esten".

(! S. 111)

188A Der Apfel ist gut.
Die Orange ist besser.
Der Pfirsich ist am besten.

Der Stadtturm ist hoch.
Der Kirchturm ist höher.
Der Fernsehturm ist am höchsten.

Die Katze frißt viel.
Der Hund frißt mehr.
Der Hamster frißt am meisten.

190A Der zweite Satz ist richtig.

(S. 111)

192A Mein Hund Bello frißt mehr als deine Katze. Der Hubschrauber fliegt nicht so schnell wie ein Verkehrsflugzeug. Irmas Kleider gefallen mir besser als die meinen. Die Zugspitze ist höher als der Feldberg.

Solltest du Fehler gemacht haben, wiederhole 185—192!

193 Satzzeichen : , ? ! .

Nach **Ordnungszahlen** steht immer ein Punkt!
Einen Punkt mußt du auch nach Abkürzungen setzen!

a) am 13 Januar – der 4 Fall – München, den 1 3 1969 – im 7 Stockwerk.

Berichtige diese Ausdrücke!

b) kürze ab: zum Beispiel, und so weiter – und – dergleichen – Doktor – Nummer – Seite.

---

198 Das **Fragezeichen** ist dir bekannt. Es steht nach jedem **Fragewort.** Auch **Fragesätze,** die mit Fragewörtern eingeleitet werden, haben am Satzende das Fragezeichen!

Entscheide, ob auch folgende Sätze Fragesätze sind:

Kannst du mich besuchen – Hat der Hund dich gebissen – Wirst du morgen auf den Sportplatz gehen –

Antworte richtig!

a) Ja b) Nein

---

203 Der Satz heißt:

Die Mutter sagt zu den Kindern:
„Kommt pünktlich zum Essen nach Hause!"

Du erfährst, was die Mutter **wörtlich** zu den Kindern **redet.**

„Kommt pünktlich nach Hause"

ist also die . . . . Rede der Mutter.

---

208 Die Großeltern bitten die Enkelkinder, sie sollen sie während der Ferien besuchen.

Dieser Satz enthält keine wörtliche Rede. Forme den Satz so um, daß du erfährst, was die Großeltern wörtlich gesagt haben.

193A a) Am 13. Januar – der 4. Fall – München, den 1. 3. 1969 – im 7. Stockwerk.

b) z. B. – usw. – u. – dgl. – Dr. – Nr. – S.

198A a) Ja

203A wörtliche Rede

208A Die Großeltern bitten die Enkelkinder: „Besucht uns während der Ferien."

194 Ein wichtiges Satzzeichen, du weißt es schon, ist das **Komma.** In obigem Satz stehen zwei Komma, weil **ein kleiner Satz eingeschoben** wurde.

Schreibe den ersten Satz ab und unterstreiche den eingeschobenen Satz!

---

199 Mache aus folgenden Sätzen **Fragesätze,** benütze aber **keine** Fragewörter!

Der Zug fährt um 8 Uhr ab.
Du bist zu der Geburtstagsfeier eingeladen.
Die Lampe im Wohnzimmer brennt nicht mehr.

---

204 Die wörtliche Rede beginnt also nach dem Doppelpunkt. Wie wird **das erste Wort der wörtlichen Rede** geschrieben?

a) groß b) klein

---

209 Was krieg ich denn dafür

Toni heute mußt du zu der alten Frau Lechner hinaufgehen und fragen ob sie etwas braucht Sie kann bei dem schlechten Wetter nicht auf die Straße gehen sagte die Mutter als der Bub von der Schule heimkam Was krieg ich denn dafür fragte der Toni zurück Geh nur wirst schon sehen was du bekommst antwortete die Mutter und schaute ihren kleinen Jungen nachdenklich an.

Schreibe den Text ab und setze alle fehlenden Satzzeichen ein!

194A Ein wichtiges Satzzeichen, du weißt es schon, ist das Komma.

199A Fährt der Zug um 8 Uhr ab? – Bist du zu der Geburtstagsfeier eingeladen? – Brennt die Lampe im Wohnzimmer nicht mehr?

204A a) groß

209A Was krieg ich denn dafür?

„Toni, heute mußt du zu der alten Frau Lechner hinaufgehen und fragen, ob sie etwas braucht. Sie kann bei dem schlechten Wetter nicht auf die Straße gehen", sagte die Mutter, als der Bub von der Schule heimkam. „Was krieg ich denn dafür?" fragte der Toni zurück .„Geh nur, wirst schon sehen, was du bekommst", antwortete die Mutter und schaute ihren kleinen Jungen nachdenklich an.

195 Ich werde wie wir verabredet haben um 17 Uhr am Bahnhof sein. Frisch gewagt sagt ein altes Sprichwort ist halb gewonnen.

Hier fehlen Kommas vor und nach eingeschobenen Sätzen. Setze die fehlenden Kommas an die richtigen Stellen!

---

200 Nun gibt es auch **Befehlssätze.** An deren Ende steht immer ein Ausrufezeichen (!).

Bilde aus folgenden Sätzen „Befehlssätze“:

Beate ruft mich an. — Walter macht seine Schulaufgaben. — Lisa erledigt die Einkäufe.

---

205 Der Vater sagt zu seinem Sohn heute nachmittag kannst du mein Rad benützen.

Dieser Satz enthält:

a) eine wörtliche Rede
b) keine wörtliche Rede

Suche die richtige Antwort!

---

210 Der Arzt fragt den Patienten hat die Medizin schon geholfen?

Entscheide, was richtig ist:

a) dieser Satz enthält **keine** wörtliche Rede
b) er enthält **eine** wörtliche Rede.

Gib Antwort und setze in dem obigen Satz die Satzzeichen richtig ein!

195A Ich werde, wie wir verabredet haben, um 17 Uhr am Bahnhof sein. Frisch gewagt, sagt ein altes Sprichwort, ist halb gewonnen.

200A Beate, rufe mich an! – Mache deine Schulaufgaben, Walter! – Lisa, erledige die Einkäufe!

205A a) eine wörtliche Rede.

210A b) Er enthält eine wörtliche Rede.

Der Arzt fragt den Patienten: „Hat die Medizin schon geholfen?“

196 Vor den **Bindewörtern: weil — wenn — als** oder **daß** — wird ein Komma gesetzt. Schreibe die folgenden Sätze ab und handele danach:

Die Zuschauer gehen nach Hause wenn das Spiel zu Ende ist. Der Hund bellt weil eine Katze auf dem Baum sitzt. Der Arzt kam sofort als er gerufen wurde. Der kleine Junge entdeckte erst im Geschäft daß er den Geldbeutel verloren hat.

---

201 Das Ausrufezeichen steht außerdem nach **Ausrufen** wie z. B.:

au! — o weh! — gib acht! — Vorsicht!

Es gibt aber auch **Ausrufesätze.** Z. B.:

O, wie schön ist der Wald! —
Wenn ich doch schon zu Hause wäre! —
Wie mich der Schuh drückt!

Bilde aus folgenden zusammengehörenden Wörtern solche Ausrufesätze:

Sonne — warm; Mond — hell; Schmerzen — groß.

---

206 Du hast dich für a) entschieden.

Das ist richtig. Schreibe nun den Satz:

Der Vater sagt zu seinem Sohn heute nachmittag kannst du mein Rad benützen —

mit den **Satzzeichen der wörtlichen** Rede richtig auf!

---

211 Der Lehrer erklärt der Klasse beim Wegnehmen muß die größere Zahl immer oben stehen.

Schreibe aus dem Satz nur die wörtliche Rede des Lehrers auf!

196A Die Zuschauer gehen nach Hause, wenn das Spiel zu Ende ist. Der Hund bellt, weil eine Katze auf dem Baum sitzt. Der Arzt kam sofort, als er gerufen wurde. Der kleine Junge entdeckte erst im Geschäft, daß er den Geldbeutel verloren hat.

201A O, wie warm ist die Sonne! – O, wie hell scheint der Mond!

– Wenn doch die Schmerzen nicht so groß wären!

206A Der Vater sagt zu seinem Sohn: „Heute nachmittag kannst du mein Rad benützen."

211A „Beim Wegnehmen muß die größere Zahl immer oben stehen."

197 Kommas mußt du auch setzen, um das langweilige „und“ zu vermeiden.

Z. B. Löwen und Bären und Wölfe und Tiger sind Raubtiere. – Der Schreiner sägt und hobelt und glättet und beizt und poliert das Holz. – Heute haben wir einen langen und spannenden und abwechslungsreichen und lustigen Film gesehen.

Vermeide also „und“ bei **Aufzählungen,** laß aber **„und“ vor dem letzten Wort** stehen: Schreibe richtig!

---

202 Besondere Beachtung fordert die „wörtliche Rede“

Die Mutter **sagt** zu den Kindern: „Kommt pünktlich zum Essen nach Hause!“

Schreibe in Wörtern auf, welche Satzzeichen dieser Satz enthält!

---

207 Die Mutter sagt zu den Kindern sie sollen pünktlich zum Essen nach Hause kommen.

Dieser Satz enthält:

a) keine wörtliche Rede
b) eine wörtliche Rede.

---

212 Wenn du einen Brief schreibst, dann vergiß nicht: **Nach jeder Anrede steht ein Ausrufezeichen!**

Liebe Tante Gretel! – Sehr geehrter Herr Müller!

In 212A findest Du keine Antwort, sondern eine Übersicht, wie Du nach Satzzeichen schreiben mußt.

197A Löwen, Bären, Wölfe und Tiger sind Raubtiere. Der Schreiner sägt, hobelt, glättet, beizt und poliert das Holz. Heute haben wir einen langen, spannenden, abwechslungsreichen und lustigen Film gesehen.

202A Doppelpunkt — Anführungszeichen — Ausrufezeichen — Schlußzeichen.

207A a) keine wörtliche Rede

212A

Nach einem . wird groß geschrieben.
Nach einem ? wird groß geschrieben.
Nach einem : wird groß geschrieben.
Nach einem ! wird groß geschrieben.
Nach einem , wird klein weitergeschrieben.
Nach einem ; wird klein weitergeschrieben.

Das war ein langer Abschnitt.

Erst morgen geht es weiter mit 213.

Aufsatzlehre

213 Alle Kinder müssen in der Pause auf den Schulhof hinaus. Dort waren noch viele andere Kinder. Man kann in der Pause sein Brot essen. Dann laufen wir herum. Ein Lehrer schaut zu. Er tut aufpassen. Und dann haben ein paar Buben gestritten. Dann läutet es, und wir gingen wieder hinein. Auf dem Schulhof müssen wir uns aufstellen.
In einem Bericht oder Aufsatz müssen **alle Sätze in der gleichen Zeit stehen.**

Ist das hier der Fall? a) Ja b) Nein

---

217 Wir freuen uns alle, daß wir zur großen Pause auf den Schulhof hinausgehen dürfen.

In diesem Satze stehen schon . . . . Zeitwörter.

221

a) Maria fragt
b) Bärbel sagt:
c) Ute ruft

Jede Anregung entspricht einer anderen Satzform. Du kennst sie; schreibe auf, welche **Satzformen** gemeint sind!

---

225 Selbst wenn nun die Zeitregel eingehalten ist, sind die letzten beiden Sätze nicht brauchbar. Das Wörtchen „dann" ist im ganzen Text schon mehrfach aufgetreten. Merke dir aber:

Man soll jeden Satz möglichst mit einem anderen Wort beginnen.

Wähle für den Satz: — Dann läutet es — anstelle von „dann" die Wörtchen „nun" — „jetzt" — „in diesem Augenblick".

213A b) Nein

217A drei Zeitwörter

221A a) Fragesatz
b) wörtliche Rede
c) Ausrufesatz

225A In diesem Augenblick läutet es.

214 Da der erste Satz in der Gegenwart steht, müssen alle übrigen Sätze auch in die .... gesetzt werden.

---

218 Zu wenig Zeitwörter befinden sich auch in dem Satz:

„Dort waren noch viele andere Kinder."

Verändere den Satz, indem du die Wörter:

— treffen — unsere Freundinnen — aus anderen Klassen — begrüßen und **laut —**

verwendest!

---

222 Am Anfang des Programmes (Nr. 213) heißt es:

„Ein Lehrer schaut zu. Er tut aufpassen. Und dann haben ein paar Buben gestritten."

Dies genügt nicht. Das Wörtchen „tun" mußt du vermeiden! Der Lehrer schaut nicht nur zu, er führt die Hofaufsicht. Überlege und schreibe in Sätzen auf, was alles in der Pause geschehen kann!

---

226 Es ist nicht falsch, wenn du „nun" — oder — „jetzt" gewählt hast.

Wir schlagen „in diesem Augenblick" vor, weil du in diesem Augenblick in dir etwas Besonderes verspürst. Das solltest du in deinem Bericht ausdrücken.

Was rufst du aus, wenn du es bedauerst, oder wenn du dich freust, daß die Pause zu Ende ist?

Schreibe solche Ausrufe auf!

214A Gegenwart

218A Dort treffen wir unsere Freundinnen aus anderen Klassen und begrüßen sie laut.

222A Fußball spielen — Steine werfen — sich rempeln — boxen — streiten — schlagen — raufen — rennen — grölen.

226A Schade! — O weh! — O! — Die Pause ist schon vorbei! — Hurra! — Gott sei Dank! — Ah, endlich ist die Pause vorbei!

215 Nacherzählungen und Erlebnisberichte müssen genau im zeitlichen Ablauf des Geschehens erzählt werden.

> Die Kinder gehen auf den Schulhof. Die Pausenglocke läutet.

Also beginnt dieser Aufsatz nicht der Reihenfolge nach. Suche einen anderen Anfang!

---

219 Dein Aufsatz wird lebendiger, wenn du so oft wie möglich passende **Eigenschaftswörter** benutzt.

„Man kann in der Pause sein Brot essen."

Das ist doch ein sehr langweiliger Satz. Wir benützen **mehr** Zeitwörter und Eigenschaftswörter. Verwende folgende Wörter:

> — auswickeln — lecker — Frühstücksbrot — hineinbeißen — hungrig.

---

223 Vielleicht hast du andere Beispiele in deiner Antwort stehen. Du hast aber verstanden, worauf es ankommt. Weiter: Berichte und Erlebnisse müssen **genau** in der Reihenfolge der Geschichte erzählt werden.

„Dann läutet es und wir gingen hinein. Auf dem Schulhofe müssen wir uns aufstellen."

Ändere die Reihenfolge aus den beiden Sätzen und schreibe die richtige Reihenfolge auf!

---

227 In folgenden Sätzen wird gegen die Regel verstoßen: Vermeide die häufige Wiederholung **gleicher** Wörter.

> Alle Kinder müssen auf den Schulhof hinaus. Dort waren noch viele andere Kinder. Auf dem Schulhof müssen wir uns aufstellen.

Suche aus obigen Sätzen die wiederholten Wörter heraus!

215A Die Pausenglocke läutet. Oder: Es klingelt. Oder: Endlich läutet es!

219A Wir wickeln unsere leckeren Frühstücksbrote aus und beißen hungrig hinein.

223A Dann läutet es. Wir müssen uns auf dem Schulhof aufstellen und wir gingen hinein.

227A Kinder – müssen – Schulhof.

216 In einem Aufsatz sollst Du möglichst **viele** und **verschiedene** Zeitwörter verwenden.

In dem Satze:

> **„Alle Kinder müssen in der Pause auf den Schulhof hinaus.“ –**

steht nur . . . Zeitwort, nämlich . . . . . .

---

220 In unserem Bericht heißt es:

> „Dann laufen wir herum.“

Das genügt doch nicht!

„Während wir essen, spazieren wir unter den schattigen Bäumen auf und ab.“

Das hört sich schon besser an! Ihr bleibt dabei doch sicher nicht stumm wie die Fische! Ihr **unterhaltet** euch. Hier kannst du die Geschichte erweitern durch eine . . . .

---

224 In einem der Sätze wird aber auch gegen die **Zeitregel** verstoßen. (Alle Sätze müssen **in der gleichen Zeit,** in unserem Bericht in der Gegenwart, stehen.) Es handelt sich um den zweiten Satz.

Schreibe den zweiten Satz richtig nach der **Zeitregel!**

---

228 Die ersten Sätze haben wir vorhin schon so verändert:

> „Die Pausenglocke läutet. Wir freuen uns alle, daß wir zur großen Pause auf den Schulhof hinaus dürfen.“

Verändere jetzt noch den Satz:

„Auf dem Schulhof müssen wir uns aufstellen“, indem du folgende Ausdrücke unterbringst:

> langsam – schlendern – das große Eingangstor – geordnet – klassenweise.

216A ein Zeitwort: müssen

Blättere zu 217 zurück!

220A Unterhaltung

224A Wir müssen uns auf dem Schulhofe aufstellen und wir gehen hinein.

228A Langsam schlendern wir zum großen Eingangstor und stellen uns klassenweise geordnet auf.

Vergleiche nun unseren **Bericht** von Nr. 213 mit folgender Darstellung und achte auf die Anwendung der Regeln!

Ein Bericht über die Pause

Die Pausenglocke läutet. Wir freuen uns alle, daß wir zur großen Pause auf den Schulhof hinausgehen dürfen. Dort treffen wir unsere Freundinnen aus anderen Klassen und begrüßen sie laut. Wir wickeln unsere leckeren Frühstücksbrote aus und beißen hungrig hinein. Während wir essen, spazieren wir unter den schattigen Bäumen auf und ab. Maria fragt: „Habt ihr euch schon den Film — das Dschungelbuch — angesehen?" „Nein, leider nicht", antwortet Bärbel, „ich hatte bis jetzt noch keine Zeit dazu." Nun möchten wir gerne wissen, wie der Film unserer Freundin gefallen hat. Maria berichtet uns einiges über die Filmgeschichte. Aber plötzlich unterbricht sie ihre spannende Erzählung und lacht: „Mehr erfahrt ihr nicht von mir, sonst kennt ihr ja die lustigsten Stellen schon." Darauf ruft Ute begeistert: „O, Bärbel, laß uns doch den Film heute nachmittag gemeinsam anschauen!" Währenddessen raufen einige Buben miteinander. Der Lehrer, der die Hofaufsicht führt, trennt die wütenden Streithähne. In diesem Augenblick schrillt die Hofglocke. Schade, die Pause ist zu Ende! Langsam schlendern wir zum großen Eingangstor, wo sich die Schüler klassenweise aufstellen müssen.

In einem Bericht oder Aufsatz

müssen alle Sätze in der gleichen Zeit stehen,
muß das Geschehen in der genauen Reihenfolge erzählt werden,
muß jeder Satz mit einem anderen Wort beginnen,
müssen möglichst viele und verschiedene Zeitwörter und passende Eigenschaftswörter verwendet werden,
mußt du das Wörtchen „tun" auf jeden Fall vermeiden,
mußt du die Wiederholung gleicher Wörter möglichst unterlassen.
Sehr oft wird anstelle des Aufsatzes eine Nacherzählung verlangt.

Auf der Baustelle

In der Nebenstraße steht ein halbfertiges Haus. Es hat noch kein Dach. An der rohen Hauswand lehnt eine hohe Leiter. Eine Grube ist ausgehoben. Dort soll eine Garage gebaut werden. Der Bauleiter hat ein Bretterschild anbringen lassen, auf dem deutlich zu lesen ist: „Das Betreten der Baustelle ist verboten. Eltern haften für ihre Kinder!“ Hierdurch sollen Kinder auf der Baustelle vor Unfällen geschützt werden.
Max und Franz kommen auf einem Fahrrad zur Baustelle gefahren. Max lenkt und tritt die Pedale, Franz sitzt hinten auf dem Gepäckträger. Sie sehen zwar das Verbotsschild, aber die Leiter an der Hauswand lockt die beiden mächtig an. Sie springen vom Fahrrad ab und lassen es einfach in den Sand fallen. Max ist schneller als Franz und klettert als erster die Sprossen der Leiter hinauf. Er lacht Franz von oben aus. Franz möchte auch auf die Leiter steigen und rüttelt an ihr. Max beschimpft ihn und schreit: „Geh ja von der Leiter weg!“ Franz wird sehr böse auf seinen Kameraden und ruft hinauf: „Du bist gemein, du Feigling! Mit dir bin ich fertig. Du bist mein Freund nicht mehr.“ In diesem Augenblick kommt der Bauleiter mit dem Auto angefahren.
Schreibe weiter, was Max und Franz machen werden!
Du wirst also aufgefordert, selbst einen Abschluß für die kleine Geschichte zu finden:

I. Überlege zuerst, welche **besondere** Schwierigkeit für Max und Franz entstanden ist.
   a) Auf der Baustelle steht ein Verbotsschild.
   b) Der Bauleiter ist mit dem Auto angefahren.
   c) Die beiden haben Streit miteinander bekommen.
   d) Max steht oben auf der Leiter.

Die Antwort findest Du auf Seite 137 unter dem Strich bei I.

II. Suche, in welchem Satz der Nacherzählung **vielleicht** schon ein Ausweg für Max und Franz steckt:
   a) Eine Grube ist ausgehoben.
   b) Sie springen vom Fahrrad ab und lassen es einfach in den Sand fallen.
   c) Max ist schneller als Franz und klettert als erster die Sprossen der Leiter hinauf.

Überlege und entscheide dich, **welcher Satz von den dreien** der wichtigste ist.
Antwort unter dem Strich bei II.

III. Was wird nun wirklich geschehen?
a) Die beiden springen in die Grube.
b) Franz läßt Max im Stich und rennt davon.
c) Sie vergessen ihren Streit. Franz reißt das Fahrrad hoch, wartet auf Max, und beide entwischen so dem Bauleiter.
d) Sie entschuldigen sich beim Bauleiter.

Beende die Geschichte im Heft so, wie sie sich deiner Meinung nach zugetragen hat!

Antworten:

I. c) Sie haben Streit miteinander bekommen.
(Lies weiter bei II auf Seite 136)

II. b) Sie springen vom Fahrrad ab und lassen es einfach in den Sand fallen.
(Lies weiter bei III)

Auf den nächsten Seiten erhältst du einige **Aufsatzthemen** und Beispiele für **Nacherzählungen.** Versuche nach den Programm-Modellen für den Aufsatz oder Bericht und die Ergänzung einer Nacherzählung die **einzelnen** Beispiele durchzuarbeiten.
Auch jetzt benötigst du jemanden, der dir hilft.
Laß dir die Nacherzählung zweimal vorlesen!
Übe an folgenden Aufsatzthemen und Nacherzählungen:

1. Wie ich mich einmal beim Spielen verletzte
Wie ich einmal erschrak
Ein Ausflug
Wie ich einmal Pech hatte
Der Verkehrsschutzmann
Ich war beim Baden

Wir spielen Fußball
Ich gehe für Mutter einkaufen
Ein Bericht über die Pause
Wiese – Schlüssel
Eine Eisenbahnfahrt
Arbeiten auf einer Großbaustelle
Zeitvertreib mit einem Tier
Vom letzten Gewitter
Ein schrecklicher Traum
Bericht über einen Unfall

2. Nacherzählungen (werden zweimal vorgelesen)

Von der Arbeit

Möbel, Teppiche und Vorhänge, Geschirr und Bestecke, Elektroherde und Kühlschränke, Fernsehgeräte und Radioapparate, kurzum alles, was wir zum Wohnen und für den Haushalt brauchen, wird in Fabriken hergestellt. Dort gibt es viele Maschinen, die schneiden und fräßen, biegen und formen, schweißen und nieten, sägen und hobeln, weben und wirken. Aber die besten und schnellsten Maschinen können weder eine Schraube noch ein Brett herstellen, kämen nicht täglich Tausende von Männern und Frauen in die Fabriken, um an diesen Maschinen zu arbeiten. Am frühen Morgen bringen überfüllte Eisenbahnzüge und Omnibusse die Menschen zu ihren Arbeitsplätzen. Eine große Anzahl von Privatautos, in denen andere zur Arbeit fahren, verstopfen die Straßen.
Viele dieser Arbeiterinnen und Arbeiter sind euere Eltern, Väter und Mütter. Sie stellen mit Hilfe der Maschinen alle Gegenstände her, die wir brauchen. Andere Mütter und Väter, Brüder und Schwestern arbeiten in Büros und in Kaufhäusern, um die hergestellten Waren zu verkaufen. Durch ihre Arbeit verdienen sie das Geld zum täglichen Leben der Familie. Viele Kinder denken nicht darüber nach, daß Väter, Mütter und Geschwister durch ihre Arbeit dazu beitragen, uns allen das Leben zu erleichtern. Aber nur mit dem verdienten Geld können sie die Waren kaufen, die sie und alle anderen Arbeiter angefertigt haben.

Der hilflose Knabe

Herr K. sprach über die Unart, erlittenes Unrecht stillschweigend in sich hineinzufressen, und erzählte folgende Geschichte: „Einen vor sich hin weinenden Jungen fragte ein Vorübergehender nach dem Grund seines Kummers. ‚Ich hatte zwei Groschen für das Kino beisammen', sagte der Knabe, ‚da kam ein Junge und riß mir einen aus der Hand', und er zeigte auf einen Jungen, der in einiger Entfernung zu sehen war. ‚Hast du denn nicht um Hilfe geschrien?' fragte der Mann. ‚Doch', sagte der Junge und schluchzte ein wenig stärker. ‚Hat dich niemand gehört?' fragte ihn der Mann weiter, ihn liebevoll streichelnd. ‚Nein', schluchzte der Junge. ‚Kannst du denn nicht lauter schreien', fragte der Mann. ‚Nein', sagte der Junge und blickte ihn mit neuer Hoffnung an. Denn der Mann lächelte. ‚Dann gib auch den her', sagte er, nahm ihm den letzten Groschen aus der Hand und ging unbekümmert weiter."

(Nach Bertolt Brecht)

Die beiden Frösche

Zwei Frösche gingen auf die Wanderschaft, weil die heiße Sommersonne ihren Tümpel ausgetrocknet hatte. Gegen Abend kamen sie in die Kammer eines Bauernhofes. Dort fanden sie eine große Schüssel Milch vor, die zum Abrahmen aufgestellt worden war. Die Frösche hüpften sogleich hinein und ließen sich die Milch gut schmecken.
Als sie ihren Durst gestillt hatten und wieder ins Freie wollten, konnten sie es nicht; denn die glatte Wand der Schüssel war nicht zu besteigen. Sie rutschten immer wieder in die Milch zurück.
Viele Stunden mühten sie sich vergeblich ab. Ihre Schenkel wurden allmählich immer matter. Der eine Frosch gab ermüdet den Kampf auf. Er machte keine Bewegungen mehr, glitt auf den Boden des Gefäßes hinab und ertrank. Sein Gefährte aber kämpfte verzweifelt weiter bis in die Nacht hinein. Da fühlte er auf einmal einen festen Butterbrocken unter seinen Füßen. Er stieß sich an ihm mit letzter Kraft ab und war im Freien.

Seltsamer Spazierritt

Ein Mann reitet auf seinem Esel nach Haus und läßt seinen Buben zu Fuß nebenherlaufen. Kommt ein Wanderer und sagt: „Das ist nicht recht, Vater, daß Ihr reitet und laßt Euren Sohn laufen; Ihr habt stärkere Glieder." Da steigt der Vater vom Esel herab und läßt den Sohn reiten. Kommt wieder ein Wandersmann und sagt: „Das ist nicht recht, Bursche, daß du reitest und lässest deinen Vater zu Fuß gehen. Du hast jüngere Beine." Da sitzen beide auf und reiten eine Strecke. Kommt ein dritter Wandersmann und sagt: „Was ist das für ein Unverstand, zwei Kerle auf einem schwachen Tiere? Sollte man nicht einen Stock nehmen und euch beide hinabjagen?" Da steigen beide ab und gehen selbdritt zu Fuß, rechts und links der Vater und der Sohn und in der Mitte der Esel. Kommt ein vierter Wandersmann und sagt: „Ihr seid drei kuriose Gesellen. Ist's nicht genug, wenn zwei zu Fuß gehen? Geht's nicht leichter, wenn einer von euch reitet?" Da bindet der Vater dem Esel die vordern Beine zusammen, und der Sohn bindet ihm die hintern Beine zusammen, ziehen einen starken Baumpfahl durch, der an der Straße steht, und tragen den Esel auf der Achsel heim.
So weit kann's kommen, wenn man es allen Leuten will recht machen.

(Johann Peter Hebel)

Lateinische Bezeichnungen der Sprachlehre

229 **Der** Klecks – **die** Hexe – **das** Dach.

Du weißt längst, daß man statt **Geschlechts**wort auch **Artikel** sagen kann.

„der" ist der m . . . . Artikel
„die" ist der w . . . . Artikel
„das" ist der s . . . . Artikel

Schreibe die Antworten auf!

---

234 Der Hund bellt. – Die Grille zirpt. – Das Eichhörnchen knabbert.

Bestimme die Wortarten dieser drei Sätzchen nacheinander!

Das geht so:

„Der" ist ein maskuliner Artikel
„Hund" ist ein Substantiv
„bellt" ist ein Zeitwort

Fahre in dieser Weise fort!

---

239 Setze folgende Sätze in den **Plural!**

Das Huhn legt ein Ei. – Der Baum blüht. – Das Auto fährt auf der Autobahn.

---

244 Schreibe auf:

den Komparativ von „langsam" und „schnell"
den Superlativ von „schön" und „reich".

229A männliche
weibliche
sächliche

234A „Die" ist ein femininer Artikel.
„Grille" ist ein Substantiv.
„zirpt" ist ein Zeitwort.
„Das" ist ein neutraler Artikel.
„Eichhörnchen" ist ein Substantiv.
„knabbert" ist ein Zeitwort.

239A Die Hühner legen Eier.
Die Bäume blühen.
Die Autos fahren auf den Autobahnen.

244A langsamer — schneller
am schönsten — am reichsten

230 Genau wie man für das Geschlechtswort das Fremdwort **Artikel** benützt, verwenden wir für **Hauptwort** von jetzt an die Bezeichnung **Substantiv.** (Hauptwörter-Substantive)

Bestimme also **mit den neuen Bezeichnungen** die Wortarten:

a) der, die, das
b) Klecks, Hexe, Dach

---

235 Du wartest schon darauf, daß du für „Zeitwort" auch eine neue Bezeichnung erfährst.

Wir sagen deshalb ab sofort für Zeitwort **„Verb".**

Wie heißen die Verben der Sätze aus Nr. 234 in der Nennform?

---

240 Diese **Substantive** stehen entweder im **Singular** oder im **Plural.** Setze die Substantive aus dem Singular in den Plural, die Substantive aus dem Plural in den Singular. Füge immer den Artikel dazu!

Häuser, Strauch, Mütter, Hof, Chöre, Blatt, Zähne.

---

245 Benenne nun die Steigerungsformen:

am leichtesten – schlimmer – häßlich.

230A a) Artikel
b) Substantive

235A bellen – zirpen – knabbern

240A das Haus – die Sträucher – die Mutter – die Höfe – der Chor – die Blätter – der Zahn

---

245A

am leichtesten	–	Superlativ
schlimmer	–	Komparativ
häßlich	–	Positiv

231 **der** Klecks – **die** Hexe – **das** Dach

Jedes dieser Substantive hat ein verschiedenes Geschlecht.

Das Wort **Geschlecht** ersetzen wir durch **„Genus".**

Ein männliches **Substantiv** heißt maskulines **Substantiv.**
a) Ein weibliches Substantiv heißt feminines ....
b) Ein sächliches Substantiv heißt neutrales ....

Ergänze!

---

236 „bellen" ist der **Infinitiv.**

„zirpen" ist der Infinitiv.

Bisher hast du für „Infinitiv" Nennform gesagt.

Die Nennform heißt also ....

---

241 Mit den gefundenen Substantiven bildest du nun im Singular kleine Sätze mit folgenden **Eigenschaftswörtern!**

hoch – dornig – fleißig – sauber – vielstimmig – gekerbt – gesund

---

246 Steht ein **Adjektiv** direkt **vor** dem **Substantiv,** so wird das Adjektiv Beifügung genannt. Die Beifügung heißt **Attribut.**

Das hohe Haus – der dornige Strauch – der gesunde Zahn

Schreibe die Attribute heraus!

231A a) Substantiv
b) Substantiv

236A Infinitiv

241A Das Haus ist hoch. – Der Strauch ist dornig. – Die Mutter ist fleißig. – Der Hof ist sauber. – Der Chor ist vielstimmig. – Das Blatt ist gekerbt. – Der Zahn ist gesund.

246A hohe – dornige – gesunde

232 Setze in die Lücken den neuen Ausdruck ein!

„**Die** Freundin": f . . . . s Genus
„**Der** Freund": m . . . . s Genus
„**Das** Freundchen": n . . . . s Genus

---

237 Wenn die Zeitwörter **Verben** heißen, nennen wir die Hilfszeitwörter — haben — sein — werden — Hilfs . . . . . .

---

242 Wir nennen die **Eigenschaftswörter** von ietzt an **„Adjektive".**

Das Flugzeug ist startbereit.

Gib jedem Wort des Satzes die neuen Namen!

---

247 Benenne folgende Wörter mit der richtigen lateinischen Bezeichnung:

der Stall — Engadin — arbeiten — haben — groß — am lautesten

232A feminines
maskulines
neutrales

237A Hilfsverben

242A „Das" ist ein Artikel (neutral)
„Flugzeug" ist ein Substantiv
„ist" ist ein Hilfsverb
„startbereit" ist ein Adjektiv

247A Artikel, Substantiv, Nomen, Verb, Hilfsverb, Adjektiv, Superlativ

233 **Namenwörter** wie München, Berlin, Hamburg, Fritz, Franz, Elisabeth, Sonntag, Mittwoch, Januar, Sommer nennen wir jetzt **Nomina** (Einzahl – Nomen).
München ist ein Nomen!

a) Januar ist ein .....
b) Fritz, Franz, Elisabeth sind ......

238

1. Der Vogel baut ein Nest.
2. Die Vögel bauen Nester.

Der 1. Satz steht im **Singular.**
Der 2. Satz steht im **Plural.**

Einzahl heißt also S ....
Mehrzahl heißt also P .....

---

243 Du hast gelernt, daß man Adjektive **steigern** kann. Z. B. laut – lauter – am lautesten. Es gibt also drei Steigerungsstufen, für die wir neue Namen brauchen.

laut	lauter	am lautesten
Positiv	Komparativ	Superlativ

Schreibe die drei Steigerungsformen des Adjektivs „klein" in gleicher Weise mit den neuen Namen auf!

---

248 An einem heißen Sommertag wurden gegen Abend die Wolken immer dunkler.

Schreibe nun die neuen Namen für die Steigerungen:

a) „heißen"
b) „dunkler"

aus dem obigen Satz!

233A a) Nomen
b) Nomina
(S. 143)

238A Singular
Plural

243A

klein	kleiner	am kleinsten
Positiv	Komparativ	Superlativ

248A a) Positiv
b) Komparativ

A) Schreibe die folgenden Ausdrücke alle untereinander in dein Heft ab und setze rechts daneben die neu gelernten Ausdrücke!

Hauptwörter	Zeitwort
Namenwörter	Nennform
Geschlechtswort	Eigenschaftswörter
männlich	Grundform (d. Steigerung)
weiblich	1. Steigerungsstufe
sächlich	2. Steigerungsstufe
Einzahl	Beifügung
Mehrzahl	

Vergewissere dich auf der nächsten Seite, ob du alle Ausdrücke richtig hast!

Wenn du das getan hast, arbeitest du „B" durch.

B) Stelle fest, ob du alle bisher in der Volksschule üblichen Ausdrücke in die neu gelernten Begriffe setzen kannst. Schreibe den folgenden Text mit den **neuen** Bezeichnungen ab!

Die Haupt- und Namenwörter unterscheiden sich nach ihrem Geschlecht. Durch das Geschlechtswort erkennt man das jeweilige Geschlecht. Die Hauptwörter können männlich, weiblich oder sächlich sein. Sie stehen in der Einzahl oder Mehrzahl. Aus einem Hauptwort und einem Zeitwort wird ein Satz gebildet. Die Grundform des Zeitwortes heißt Nennform. Wörter, die beschreiben, wie die „Dinge" und „Lebewesen" sind, nennt man Eigenschaftswörter. Eigenschaftswörter kann man steigern. Die Steigerungsformen heißen Grundform, 1. Steigerungsstufe, 2. Steigerungsstufe. Das Eigenschaftswort, das direkt vor einem Hauptwort steht, heißt Beifügung.

A) Hauptwörter	Substantive
Namenwörter	Nomina
Geschlecht	Genus
Geschlechtswort	Artikel
männlich	maskulin
weiblich	feminin
sächlich	neutral
Einzahl	Singular
Mehrzahl	Plural
Zeitwort	Verb
Nennform	Infinitiv
Eigenschaftswörter	Adjektive
Grundform (d. Steigerung)	Positiv
1. Steigerungsstufe	Komparativ
2. Steigerungsstufe	Superlativ
Beifügung	Attribut

(zurück auf Seite 153 B)

B) Die Substantive und Nomina unterscheiden sich nach ihrem Genus. Durch den Artikel erkennt man das jeweilige Genus. Die Substantive können maskulin, feminin oder neutral sein. Sie stehen im Singular oder Plural. Aus einem Substantiv und einem Verb wird ein Satz gebildet. Die Nennform des Verbs heißt Infinitiv. Wörter, die beschreiben, wie die „Dinge“ und „Lebewesen“ sind, nennt man Adjektive. Adjektive kann man steigern. Die Steigerungsformen heißen Positiv, Komparativ und Superlativ. Das Adjektiv, das direkt vor einem Substantiv steht, heißt Attribut.
Hier ist der erste Lernabschnitt zu Ende. Wenn du entsprechend der Anweisungen auf den Seiten 3—6 gearbeitet hast, wirst du ein gutes Stück vorangekommen sein. Gönne dir deshalb eine Pause. Weiter mit 249 auf der nächsten Seite oben!

249 Anstelle von Substantiven benützt man auch **Fürwörter.** Z. B. statt „Gisela“ benützt man ein **Pronomen,** nämlich „sie“. Statt „Klaus“ benützt man das **Pronomen** „er“, statt „Entchen“ das **Pronomen** „es“.

Du merkst: Ein **Fürwort** (er – sie – es) nennst du künftig ....

---

255 Den Fall bezeichnen wir mit „Kasus“! Wir sagen also statt 1. Fall – 1. Kasus. Jeder Kasus hat seinen eigenen Namen.

Der 1. Kasus heißt **Nominativ**
Der 2. Kasus heißt **Genitiv**
Der 3. Kasus heißt **Dativ**
Der 4. Kasus heißt **Akkusativ**

Schreibe nacheinander auf, welchen Kasus du mit den Interrogativpronomen: Wer? – Wessen? – Wem? – Wen? erfragst!

---

261 Nun paß gut auf, du mußt auch die neuen Bezeichnungen für **die anderen Zeiten** kennenlernen!

Überlege:

Perfekt – für ....
Plusquamperfekt – für ....
Futur II – für ....

---

267 Als besondere Form des Verbs ist die **Befehlsform** zu merken. Sie heißt **Imperativ.** Bilde den Imperativ Singular der Verben:

geben – sprechen – holen

249A Pronomen

255A

Wer?	– Nominativ
Wessen?	– Genitiv
Wem?	– Dativ
Wen?	– Akkusativ

261A Perfekt – 2. Vergangenheit
Plusquamperfekt – 3. Vergangenheit
Futur II – 2. Zukunft

267A gib! – sprich! – hole!

250 Ich – du – er – sie – es – wir – ihr – sie hast du bisher **persönliche Fürwörter** genannt, jetzt heißen sie **Personal** . . . .

---

256 Doris braucht die Hilfe meiner Mutter.

Gib von **jedem Wort** des Satzes die **neuen Namen** und **den Kasus** an!

---

262 Fein, wenn du alle drei richtig ausgedacht hast! Setze das Verb **„basteln"** in der 3. Person Singular **in alle 6 Zeiten** und schreibe jeweils den neugelernten Ausdruck dazu!

---

268 Bezeichne die Verbformen:

Trinkt! – springt nicht! – schreit nicht! – nehmt!

mit dem neuen Ausdruck!

250A Personalpronomen

256A

Doris	– Nomen – Nominativ
braucht	– Verb
die	– Artikel
Hilfe	– Substantiv – Akkusativ
meiner	– Possessivpronomen
Mutter	– Nomen – Genitiv

262A

er bastelt	– Präsens
er bastelte	– Imperfekt
er wird basteln	– Futur I
er hat gebastelt	– Perfekt
er hatte gebastelt	– Plusquamperfekt
er wird gebastelt haben	– Futur II

268A Imperativ Plural

251 Du kennst doch auch **besitzanzeigende Pronomen** (mein – dein – sein – unsere – euere – ihre). Für besitzanzeigende Pronomen sagen wir jetzt das viel kürzere Wort

Possessivpronomen

Schreibe, zu welcher Art von Pronomen gehören:

a) du	d) ich	g) seine
b) sie	e) unsere	h) ihre
c) dein	f) es	

---

257 Du weißt, daß es **Verhältniswörter gibt,** die einen besonderen Kasus fordern:

während der Ferien – **mit** dem Fahrrad – **durch** den Wald

Alle Verhältniswörter nennt man **Präpositionen.**

Schreibe auf, welchen Kasus die **Präpositionen** in den obigen Beispielen fordern!

---

263 Wir haben bis jetzt für das Wort „Zeiten" noch keinen neuen Ausdruck benutzt.

Nun sagen wir für „Zeiten" **„Tempora".**

Präsens – Futur I – Plusquamperfekt sind also .... des Verbs.

---

269 Auch in der Satzlehre mußt du andere Ausdrücke lernen.

Der Igel gewann den Wettlauf.

Bestimme die **Satzteile** dieses Satzes!

251A

a) Personalpronomen	e) Possessivpronomen
b) Personalpronomen	f) Personalpronomen
c) Possessivpronomen	g) Possessivpronomen
d) Personalpronomen	h) Possessivpronomen

257A

während	fordert den Genitiv
mit	fordert den Dativ
durch	fordert den Akkusativ

263A Tempora

269A

Der Igel	ist der Satzgegenstand
gewann	ist die Satzaussage
den Wettlauf	ist die Ergänzung im Akkusativ

252 Zu den Pronomen gehört das **Fragewort** oder Fragefürwort. Das Fragefürwort heißt: **„Interrogativpronomen“.**

Wer – Was? – Wie? – Wo? –
Welcher? – Wie viele?

sind also ....

---

258 Bezeichne die Wörtchen

auf – aus – von – in – nach – bei

mit dem neuen Namen! Sie heißen ....

---

264 Ich **habe ge**lesen – Ich **bin ge**laufen –

Um das **Perfekt** zu bilden, benützest du

a) ein Hilfsverb
b) für das Verb die Vorsilbe **„ge“:**

An der Vorsilbe „ge“ in der Konjugation des Verbs erkennst du das „Partizip“. Du kannst jetzt sagen, in welchem **Tempus** (Singular von Tempora) das **Partizip „ge**lesen“ – **„ge**laufen“ erscheint.

---

270 Für **„Satzgegenstand“** wird der Ausdruck **„das Subjekt“** eingeführt.

Für die Satzaussage das Wort **Prädikat.**

„Der Igel“ ist also das ....
„gewann“ ist das ....

252A Interrogativpronomen

258A Präpositionen

264A im Perfekt

270A Subjekt
Prädikat

253 Die Interrogativpronomen: Wer? – Wessen? – Wem? – Wen? benötigst du zum Erfragen der 4 Fälle.

Diesen Vorgang hast du **Beugung** genannt. Die Interrogativpronomen benötigen wir zur **Deklination** des Substantivs.

Die Beugung des Substantivs heißt also . . . .

---

259 Für die Beugung der **Substantive** hast du das Wort **Deklination** gelernt.

Ich bringe – du bringst – er bringt usw.

nanntest du bisher die **Beugung des Verbs.** Diese Art Beugung oder Veränderung des Verbs erhält die Bezeichnung

Konjugation (konjugieren)

Ein Verb beugen heißt also . . . .

---

265 Deshalb heißt dieses Partizip:

Partizip Perfekt

Das Partizip Perfekt ist eine der drei Stammformen des Verbs.

Die Stammformen eines Verbs heißen:

a) **Infinitiv** b) **Imperfekt** c) **Partizip Perfekt**

Die Sonne scheint.

Bilde vom Verb des obigen Satzes die **Stammformen** a) b) c)!

---

271 Der Igel gewann den Wettlauf.

Zum Subjekt und Prädikat gehört in unserem Satz das **Objekt** im . . . . (gib den Kasus an!)

253A Deklination

259A konjugieren

265A a) scheinen
b) schien
c) geschienen

271A Akkusativ

254 **Dekliniere** im Singular das Substantiv „die Wand"!

---

260 Du weißt, daß man das Verb in verschiedene Zeiten setzen kann. Auch dafür mußt du neue Ausdrücke lernen.

Für die einfachen Zeiten:

Gegenwart	1. Vergangenheit	1. Zukunft
Präsens	**Imperfekt** oder **Präteritum**	**Futur I**

Bezeichne mit den neuen Namen

a) du gibst b) er arbeitete
c) sie wird gehen

---

266 Schreibe **die Bezeichnung** für die Stammformen folgender Verben auf:

a) singen b) nähte c) gezeichnet
d) geturnt e) malen f) flog

---

272 Für **Ergänzung im Akkusativ** sagst du also jetzt Objekt im Akkusativ!

Du mußt aber dafür kürzer **Akkusativobjekt** sagen.
Ein Objektiv im Genitiv heißt also . . . .
Ein Objektiv im Dativ heißt also . . . .

254A	Wer?	die Wand
Wessen?	der Wand
Wem?	der Wand
Wen?	die Wand

(S. 155)

260A a) Präsens
b) Imperfekt
c) Futur I

266A a) Infinitiv
b) Imperfekt
c) Partizip Perfekt
d) Partizip Perfekt
e) Infinitiv
f) Imperfekt

272A Genitivobjekt
Dativobjekt

Wir machen hier noch einmal eine Pause, bevor wir zum letzten Lernabschnitt weitergehen.

273 **Bestimme** in diesen zwei Sätzen **den Kasus der Objekte!**

1. Ingrid sucht ihren Ring.
2. Der Torwart hält den Ball.

---

279 Da nur die **Verben,** die den **Akkusativ** nach sich haben, **transitive Verben** sind, können „helfen – leben – liegen" **keine** transitiven Verben sein.

Alle Verben, bei denen **kein** Akkusativ möglich ist, sind

„intransitive Verben".

Helfen – leben – liegen – sind also .... Verben.

---

285 a) Der Kranke wird geheilt.
b) Die Wände werden gestrichen.
c) Der Hund wird gebellt.

Stelle fest, welcher von diesen drei Sätzen Unsinn ist!

---

291 Die transitiven Verben „hüten – rufen – holen" können in das Passiv gesetzt werden, indem du jeweils **das Akkusativobjekt** der Sätze aus 290 **als Subjekt verwendest.** Also so:

Der kleine Bruder wird gehütet.

Fahre fort ......

273A 1. ihren Ring – Akkusativ
2. den Ball – Akkusativ

279A intransitive

285A c) Der Hund wird gebellt.

291A Der Hund wird gerufen.
Der Schraubenschlüssel wird geholt.

274 Du hast je einen **Akkusativ** gefunden. Du hast gelernt, daß der Kasus durch das Verb bestimmt wird. Schreibe nun die Verben im Infinitiv auf!

---

280 Verben, die eine Präposition fordern, sind intransitive Verben. Das Reh wohnt **im** Walde. – Das Eichhörnchen klettert **auf** den Baum. – Das Flugzeug fliegt **über** das Land. – Die Schülerin kommt **aus** der Stadt. – Max spielt **auf** dem Hof.

Schreibe: a) die intransitiven Verben, b) die Präpositionen aus den Beispielen heraus!

---

286 Der Kranke **wird** geheilt.
Die Wände **werden** angestrichen.

Hier wird uns berichtet, daß **mit dem Kranken** und **mit den Wänden** etwas geschieht.

Diese Verbform ist:

a) aktiv
b) nicht aktiv

Entscheide dich richtig!

---

292 Versuche folgende Sätze mit den intransitiven Verben in das Passiv zu setzen:

„stehen – schlafen – klettern“

Der Omnibus **steht** auf dem Parkplatz.
Der Affe **klettert** auf den Baum.
Die Klasse **schläft** in der Jugendherberge.

Entscheide dich

a) Man kann intransitive Verben in das Passiv setzen.
b) Man kann intransitive Verben nicht in das Passiv setzen.

274A suchen
halten

280A

a)	b)
wohnt	im
klettert	auf
fliegt	über
kommt	aus
spielt	auf

286A b) nicht aktiv

292A b) Man kann intransitive Verben nicht in das Passiv setzen.

275 Suchen und halten sind also Verben, die den .... fordern.

---

281 Du weißt nun, woran du transitive und intransitive Verben erkennen kannst. Sie unterscheiden sich auch noch in anderer Weise. Das sollst du jetzt lernen.

„Wir wohnen in einem Eigenheim.“
„Wir bewohnen ein Eigenheim.“

Stelle fest:

a) welches Verb ein intransitives Verb ist,
b) welches Verb ein transitives Verb ist!

---

287 Eine **Verbform,** die uns sagt, daß mit **uns** oder mit irgendwelchen **Dingen** etwas geschieht, nennen wir **passiv.**

Der Arzt wird angerufen.
Das Haus wird gebaut.
Die Gans schnattert im Hof.
Die Kinder werden im Sommer schwimmen.

Diese Sätze enthalten **aktive** und **passive** Verbformen. Schreibe zuerst die **passiven** und dann die **aktiven** Verbformen untereinander auf!

---

293 Die passive Verbform kann natürlich in den verschiedenen Tempora stehen.

Er wird **ge**rufen (Präsens)
Er wurde **ge**rufen (Imperfekt)
Er wird **ge**rufen werden (Futur I)
Er ist **ge**rufen worden (Perfekt)
Er war **ge**rufen worden (Plusquamperfekt)
Er wird **ge**rufen worden sein (Futur II)

Bilde die entsprechenden Formen mit dem Verb „pflegen“ in der **2. Person** Plural und unterstreiche die Vorsilbe!

275A Akkusativ

281A a) wohnen ist ein intransitives Verb
b) bewohnen ist ein transitives Verb

287A passiv: wird angerufen
wird gebaut
aktiv: schnattert
werden schwimmen

293A Ihr werdet <u>ge</u>pflegt (Präsens)
Ihr wurdet <u>ge</u>pflegt (Imperfekt)
Ihr werdet <u>ge</u>pflegt werden (Futur I)
Ihr seid <u>ge</u>pflegt worden (Perfekt)
Ihr wart <u>ge</u>pflegt worden (Plusquamperfekt)
Ihr werdet <u>ge</u>pflegt worden sein (Futur II)

276 Die Pferde ziehen . . . .
Der Bauer mäht . . . .
Der Polizist regelt . . . .
Der Schreiner hobelt . . . .

Ergänze die obigen Sätze durch Substantive und bestimme deren Kasus!

---

282 Wir bewohnen ein Eigenheim.
Der Arzt heilt den Kranken.
Der Hund bellt.
Der Maler streicht die Wände an.

In jedem dieser Sätze wird erzählt, daß jemand etwas tut. Schreibe die Verben im Infinitiv auf, die das „Tun" ausdrücken!

---

288 Du weißt, transitive Verben fordern den Akkusativ.

Stelle fest, welches unter den Verben:

gehorchen — anrufen — danken

transitiv ist!

---

294 Dir fällt auf, daß du zur Bildung der Passivform das Hilfsverb **„werden"** verwenden mußt. Das führt leicht zu Verwechslungen mit der aktiven Form des Futurs.

a) ich werde schicken
b) ich werde geschickt

Stelle für diese Beispiele die richtigen Tempora und die Form fest!

276A	den Wagen	– Akkusativ
	die Wiese	– Akkusativ
	den Verkehr	– Akkusativ
	das Holz	– Akkusativ

282A bewohnen – heilen – bellen – anstreichen

288A anrufen

294A
a) Futur aktiv
b) Präsens passiv

277 Auch nach den Verben „ziehen – mähen – regeln – hobeln" steht der Akkusativ. Verben, die den Akkusativ fordern, heißen

transitive Verben

Nehmen – finden – zertrampeln – waschen

sind auch .... Verben,
weil sie den .... fordern.

---

283 Wenn jemand etwas tut, so sagen wir, er ist **aktiv.**

Der Arzt heilt den Kranken.
Der Maler streicht die Wände an.

In diesen beiden Sätzen ist die **Verbform** also .....

---

289 Nur die transitiven Verben können in das Passiv gesetzt werden.

Suche aus den Verben

gehorchen – danken – holen

das transitive Verb heraus und setze es in der 1. Person singular in die passive Verbform!

---

295 Stelle dasselbe fest in:

a) ich werde geschickt werden
b) ich werde geschickt haben

277A transitive Verben
Akkusativ

283A aktiv

289A ich werde geholt

295A a) Futur I passiv
b) Futur II aktiv

278 Der Arzt hilft . . . .
Das Reh lebt . . . .
Der Kranke liegt . . . . . .

Ergänze auch die obigen Sätze sinnvoll und bestimme den Kasus der eingesetzten Substantive!

---

284 Du kannst feststellen:

heilen ist ein transitives Verb.
anstreichen ist ein transitives Verb.

beide Verben stehen in der aktiven . . . . form.

---

290 „Hüten — rufen — holen" sind transitive Verben, die den Akkusativ fordern.

Bilde aus obigen Verben und folgenden Substantiven Sätze im **Aktiv!**

a) Die Schwester — der kleine Bruder
b) Klaus — der Hund
c) Der Lehrling — der Schraubenschlüssel!

---

296 Du kannst bei den verflixten Formen immer die richtige Entscheidung treffen, wenn du daran denkst:

Die **aktive** Form sagt, **daß jemand etwas tut.** Die **passive** Form sagt, **daß mit jemandem oder einer Sache** etwas **getan wird.**

a) Wir werden geholt haben.
b) Wir werden geholt werden.

Bestimme auch hier Tempora und Form!

278A dem Kranken – Dativ
im Walde – Dativ
im Bett – Dativ

(279!)

284A Verbform

290A
a) Die Schwester hütet den kleinen Bruder.
b) Klaus ruft den Hund.
c) Der Lehrling holt den Schraubenschlüssel.

Beachte die laufende Nummer!

296A
a) Futur II aktiv
b) Futur I passiv

297 Bestimme in folgendem Satz den Kasus des Objektes und sage, ob das Verb transitiv oder intransitiv ist!

Der Mittelstürmer traf leider nur die Torlatte.

---

298 Die Jugendgruppe wird auf einer Waldwiese rasten.

Schreibe den Kasus des Objektes auf und benenne das Wörtchen „auf“!

---

299 Der Maurer mörtelt die Steine ein.
Der Laborant mischt die chemische Lösung.
Die BMW-Werke beschäftigen viele Spezialarbeiter aus der Umgebung Münchens.

Stelle in obigen Sätzen die Verbformen fest!

---

300 Der Stürmer täuscht den Torwart.

Setze diesen Satz in das Perfekt aktiv. Darauf setze den obigen Satz in das Perfekt passiv.

297A Akkusativ
transitiv

(Seite 179!)

298A Dativ-Objekt
Präposition

299A Jedesmal aktiv.

300A **Der Stürmer hat den Torwart getäuscht.**
Der Torwart ist vom Stürmer getäuscht worden.

301 Die Präpositionen **„im“** und **„aus“** zwingen dich zu der Frage „Wo?“ und „Woher?“ Durch die Antwort wird ein **„Ort“** bestimmt.

1. Das Reh lebt im Walde.
2. Meine Eltern kommen aus dem Theater.

Suche die Antwort!

1. „Wald“ ist ein . . .
2. „Theater“ ist ein . . .

---

305 Weil diese Lokalbestimmungen durch Adverbien ausgedrückt werden können, nennen wir sie

adverbiale . . . .

Ergänze und schreibe **den ganzen Ausdruck** auf!

---

309 „Dann können wir häufig in das Schwimmbad gehen.“

In diesem Satz kannst du nicht nur nach **einer** adverbialen Temporalbestimmung, sondern auch nach einer adverbialen Lokalbestimmung fragen.

Führe diesen Auftrag durch!

---

313 Schreibe auf, welche adverbialen Bestimmungen du auf folgende Fragen erhältst:

a) Wo? — Woher? — Wohin?
b) Wann? — Wie lange? — Seit wann?
c) Warum? — Weshalb?

301A 1. Ort
2. Ort

305A adverbiale Lokalbestimmungen

309A Wie oft? – häufig (adverbiale Temporalbestimmung)
Wohin? – in das Schwimmbad
(adverbiale Lokalbestimmung)

313A
a) adverbiale Lokalbestimmung
b) adverbiale Temporalbestimmung
c) adverbiale Kausalbestimmung

302 Die Eltern fahren **nach** Hause.

Bei diesem Satz fragst du:

„Wohin fahren die Eltern?"

Es wird also auch hier ein . . . bestimmt.

---

306 Du hast zu Beginn dieses Programms **„Lokalbestimmungen mit Präpositionen"** erfragt. Auch diese Lokalbestimmungen werden der Einfachheit wegen **adverbiale** Lokalbestimmungen genannt.

In der Stadt – am Himmel – hinaufsteigen – abwärts rutschen

sind also . . . .

---

310 Struppi hüpfte vor Freude an meiner Freundin empor. Sie hatte ihn nicht bemerkt und erschrak deshalb sehr. Aus Angst rannte sie wieder weg.
In diesen Sätzen mußt du die Interrogativpronomen **„Warum?"** oder **„Weshalb?"** benutzen, um den **Grund** des Verhaltens von Struppi und der Freundin zu erfahren.

Schreibe die vollen Fragen mit Antworten auf!

---

314 Auf die Fragen **„Wie?" – „auf welche Weise?"** erhältst du als Antwort die **adverbialen Bestimmungen der Art und Weise.**

Sie heißen

adverbiale Modalbestimmungen.
Flink klettert die Katze auf den Baum.

Frage mit dem richtigen Interrogativpronomen nach dem „Adverb" flink!

302A Ort

306A adverbiale Lokalbestimmungen

310A Warum hüpfte Struppi an meiner Freundin empor?
Struppi hüpfte vor Freude an meiner Freundin empor.
Weshalb erschrak sie sehr?
Sie erschrak deshalb sehr.
Warum rannte sie wieder weg?
Aus Angst rannte sie wieder weg.

314A **Wie** klettert die Katze auf den Baum?
flink.

303 Auf die Frage „wo? – woher? – wohin?“ bekamen wir immer als Antwort die **Bestimmung** eines **Ortes.** Diese Bestimmungen nennt man **Lokalbestimmungen.**

Die Fragen „wo? – woher? – wohin?“ geben dir also als Antwort jeweils eine .... an

---

307 Gestern ereignete sich ein schwerer Verkehrsunfall. Seitdem ist der Fahrer bewußtlos. Er wird 14 Tage im Krankenhaus bleiben müssen.

In allen drei Sätzen mußt du die **Interrogativpronomen** wann? – seit wann? – und wie lange? anwenden.

Schreibe die **vollen Fragen und Antworten** nieder!

---

311 Durch die Fragen „Warum?“ oder „Weshalb?“ kannst du den **Grund** des Verhaltens von Struppi und der Freundin **bestimmen.** Die Antworten stellen also **adverbiale Bestimmungen** des Grundes dar.

Sie heißen:

adverbiale Kausalbestimmungen.
Vor Freude – deshalb – aus Angst

sind also ....

---

315 „Flink“ ist also eine adverbiale Modalbestimmung.

Fritz fiel ins Wasser und zappelte mit Armen und Beinen.

Auf welche Weise zappelte Fritz? Gib die richtige Antwort und benenne die Art der Bestimmung!

303A Lokalbestimmung

307A Wann ereignete sich ein schwerer Verkehrsunfall?
Gestern ereignete sich ein schwerer Verkehrsunfall.
Seit wann ist der Fahrer bewußtlos?
Seitdem ist der Fahrer bewußtlos.
Wie lange wird er im Krankenhaus bleiben müssen?
Er mußte 14 Tage im Krankenhaus bleiben.

311A adverbiale Kausalbestimmungen

315A mit Armen und Beinen – adverbiale Modalbestimmung

304 Es gibt viele Wörtchen, z. B. „links – rechts – abseits – draußen“, die eine **Lokalbestimmung** darstellen.
Sie stehen meist **unmittelbar** bei Verben und heißen **Adverbien.**

Links abbiegen – rechts fahren – abseits stehen – draußen bleiben.

Unten – drüben – nirgends – jenseits sind auch ....

---

308 Du hast nach der Zeit gefragt.
Du hast früher für „Zeiten“ das Wort „Tempora“ gelernt. Deshalb heißen Adverbien zur Zeitbestimmung **adverbiale Temporalbestimmungen.**

Nach einer langen Regenperiode scheint die Sonne wieder. Hoffentlich bleibt das Wetter den Sommer über und bis in den Herbst hinein schön. Dann können wir häufig in das Schwimmbad gehen.

Schreibe aus den obigen Sätzen **adverbiale Temporalbestimmungen** heraus!

---

312 Aus Angst vor dem Zeugnis möchte Walter heute nicht in die Schule gehen.

Frage in diesem Satz
a) nach der adverbialen Kausalbestimmung
b) nach der adverbialen Temporalbestimmung
c) nach der adverbialen Lokalbestimmung

---

316 Auf der Kreuzung steht der Verkehrsschutzmann. Er regelt mit der Kelle den Verkehr. Deshalb gibt es keine Verkehrsstockung. Alle Verkehrsteilnehmer kommen rechtzeitig zu ihrer Arbeitsstätte.

Frage nach allen adverbialen Bestimmungen und gib ihnen die richtigen Bezeichnungen!

304A Adverbien

308A Nach einer langen Regenperiode – den Sommer über – bis in den Herbst hinein – häufig.

(S. 181)

312A

a) Warum? – aus Angst
b) Wann? – heute
c) Wohin? – in die Schule

316A Wo? – Auf der Kreuzung (adverbiale Lokalbestimmung)
Auf welche Weise? – mit der Kelle (adverbiale Modalbestimmung)
Weshalb? – Deshalb (adverbiale Kausalbestimmung)
Wann? – rechtzeitig (Temporalbestimmung)
Wohin? – zu ihrer Arbeitsstätte (adverbiale Lokalbestimmung)

Nun hast du mit Gewinn schwierige Abschnitte aus der deutschen Grammatik gemeistert. Du wirst im Unterricht mehr Erfolg haben. Es hat sich gelohnt, dieses programmierte Übungsbuch durchzuarbeiten.